Bourgogne
rouge

Guide du connaisseur

BOURGOGNE ROUGE

Adaptation française de Claude Dovaz

Gründ

Page de titre : la Romanée-Conti

Adaptation française de Claude Dovaz
Texte original de Mark Savage

Première édition française 1988 par Librairie Gründ, Paris
© 1988 Librairie Gründ pour l'adaptation française.
ISBN : 2-7000-6440-2

Dépôt légal : septembre 1988
Édition originale 1988 par Octopus Books Ltd
© 1988 Mark Savage pour le texte
© 1988 Octopus Books Ltd pour les illustrations
© 1988 Simon Loftus pour l'avant-propos

Photocomposition : A.P.S., Tours

Imprimé par Mandarin Publishers Ltd.

REMERCIEMENTS

Les éditeurs remercient les personnes et organismes suivants qui ont autorisé la reproduction des illustrations :
Antony Blake Photo Library 64; Michael Busselle 76; Hubrecht Duijker 1. 2/3, 24, 52, 73, 74; Patrick Eager 33, 66;
Explorer (F. Jalain) 8/9; French Picture Library (Barrie Smith) 14; Robert Harding Picture Library 16;
Maison Marie Claire (Planchard) 38; Photographer's Library (Michael Busselle) 45; Picturepoint 39, 58;
Tony Stone Associates (Thierry Cazabon) 46/47, 56, 60, (John Wyand) 18;
Top Agence (Pascal Hinous) 48, 54, (Pierre Putelat) 42, (J-N Reichel) 21; Topham Picture Library 23;
Zefa Picture Library (R. Bond) 36/37, (Colin Maher) 71.

Cartes : Russell Barnett
Cépages : Nicki Kemball, représenté par John Hodgson.

TABLE

AVANT-PROPOS

Si l'on soumet le même grand Bourgogne à deux dégustateurs, l'un le trouvera viril, violent, ferme, généreux, avec un nez apportant toute la corbeille de fruits habituelle au Bourgogne : cassis, pêche, cerise et une touche de suie de cheminée et de ventre de lièvre ; pour l'autre il sera étoffé, ample, d'une belle vinosité, complet dans sa plénitude, opulent sans être gras, riche sans ostentation, avec des arômes vifs d'églantine, de merise et de fruits rouges, et une note de cuir de Russie et pipi de chat (ou une évocation plus scatologique). La raison en est que le vocabulaire de la dégustation est innombrable, les comparaisons infinies et, avant tout, parce qu'il s'agit d'un exercice essentiellement subjectif.

L'affaire se complique car les experts sont en profond désaccord sur le style idéal du grand Bourgogne. Pour certains, il devrait magnifier la finesse, la délicatesse et la complexité propres au Pinot Noir ; pour d'autres, il devrait être corpulent avec beaucoup de mâche, comme celui d'il y a quelques décennies, quand de nombreux Bourgogne étaient coupés avec des vins plus robustes du Midi.

Le bon Bourgogne est splendide, celui qui ne l'est pas est trop cher et ne présente pas grand intérêt.

Pourquoi la qualité du Bourgogne rouge, qui est élaboré dans une région pourtant réputée depuis des siècles pour ses vins, est-elle aussi variable ? Deux facteurs principaux y concourent : les caprices du cépage unique qui l'engendre (le Pinot Noir est le plus instable de tous les cépages nobles) ; et l'extraordinaire fragmentation de la propriété dans cet étroit ruban de vignobles formant la Côte d'Or.

Je parle bien entendu du cœur de la Bourgogne, où naissent ses plus grands vins. La région dans son ensemble s'étend du Chablisien, au nord (surtout connu pour ses vins blancs), au Beaujolais, au sud, qui étanche une soif inextinguible d'un vin gouleyant, franc, direct et peu compliqué. Mais la Bourgogne, celle du duché qui rivalisait avec la cour du roi de France, centrée sur la ville de Beaune, rassemble une poignée de vieux villages, de Gevrey-Chambertin à Chassagne-Montrachet, qui forment un monde plus étroit, essentiellement rural, fermement attaché à ses traditions, composant un labyrinthe d'une complexité redoutable. L'ambition de l'auteur est de vous faire découvrir le fil d'Ariane vous permettant d'en sortir.

Pour trouver les meilleurs vins, il vous faudra faire connaissance avec les vignerons et démêler l'enchevêtrement de leurs noms de famille souvent semblables. Ce ne fut pas toujours le cas : jusqu'à une époque récente, l'œnophile pouvait se contenter d'identifier les étiquettes d'un ou deux négociants dignes de confiance. En effet, la commercialisation de la plus grande partie du Bourgogne était assurée par le négoce. Le négociant achetait, par exemple, le Pommard d'une douzaine de petits vignerons ou davantage, l'assemblait, puis l'élevait lui-même dans des barriques de chêne installées dans ses caves de Beaune ou de Nuits-Saint-Georges. Les vignerons pouvaient alors se consacrer entièrement à la viticulture proprement dite. L'inconvénient de cette répartition des tâches était que le négociant s'efforçait d'obtenir un vin de style homogène, année après année. Cette pratique faisait inévitablement disparaître l'originalité des meilleurs vins. La personnalité des vignerons, si apparente dans les grands Bourgogne, était noyée dans les barriques des négociants.

Il arriva ce qui devait arriver : les meilleurs vignerons décidèrent de contrôler eux-mêmes toutes les étapes de l'élaboration du vin. Ils renoncèrent aux rentrées rapides d'argent frais que leur offrait le négoce et assumèrent les investissements indispensables : grandes caves, barriques et fûts de chêne, matériel d'embouteillage et d'étiquetage, etc. Ces efforts portèrent leurs fruits car, au bout du compte, leurs revenus augmentèrent, les consommateurs étant disposés à payer un prix élevé pour des vins apparemment authentiques, auréolés du prestige de la mise en bouteille à la propriété.

Il en est résulté une prolifération d'étiquettes compliquant singulièrement le choix du consommateur, mais cela en valait la peine. Personnellement, en tant qu'amateur de bon Bourgogne, je ne puis que me féliciter de cette mutation. Les efforts que j'ai dû consentir pour découvrir les meilleurs vignerons ont été récompensés par des vins meilleurs que ceux jamais proposés par les négociants. Le revers de la médaille est que mêmes les vignerons les plus talentueux ne sont pas à l'abri d'erreurs et que de nombreux autres profitent de la réputation de la région pour proposer des vins parfois médiocres.

Certains signes montrent que le négoce est en train de réagir. Plusieurs négociants ont acquis de nouveaux vignobles pour agrandir leurs domaines et sont maintenant capables de concurrencer les vins des meilleurs vignerons indépendants. D'autres, qui ont renoncé à acheter le vin de qualité trop irrégulière élaboré par les petits vignerons, préfèrent prendre livraison du raisin et élaborer eux-mêmes leurs vins. Ils les conseillent sur le choix de la vigne, sa taille, sa conduite, et se chargent parfois même de la vendange. Il est intéressant de souligner que cette manière de faire est celle adoptée en Californie et qu'elle peut entraîner une amélioration sensible de la qualité. Peut-être aidera-t-elle à dissiper la méfiance traditionnelle des vignerons envers les négociants.

L'évolution de la viti-viniculture bourguignonne, d'abord très lente, s'accélère. On comprend mieux aujourd'hui qu'hier comment on peut parvenir à une qualité supérieure, comment on peut produire (souvent dans des conditions adverses) cette potion magique qui enchante les œnophiles du monde entier. Toutefois, la demande excédant largement l'offre, certains vignerons cèdent à la facilité et ne résistent pas à la tentation d'engranger rapidement un maximum de bénéfices.

C'est là que l'ouvrage de Mark Savage – un homme enflammé par la passion du vin engendré par le Pinot Noir – est particulièrement précieux. Il a l'avantage incomparable de s'affranchir des considérations théoriques et de se concentrer sur les aspects essentiellement pratiques, grâce à une connaissance détaillée du dédale du vignoble bourguignon qu'il vous invite à explorer en sa compagnie.

SIMON LOFTUS

LA BOURGOGNE
ET SES
VINS ROUGES

Vignoble de Chassagne-Montrachet avant la vendange.
Le village paraît endormi, mais dans les caves,
on prépare activement le matériel pour la vinification
du nouveau millésime.

INTRODUCTION

Le Bordelais en impose par ses dimensions et ses châteaux splendides ; les Côtes du Rhône gagnent des amis grâce à leur bonne humeur communicative ; la Californie suscite l'incrédulité malgré ses réussites. Mais pour les œnophiles innombrables, c'est la Bourgogne qui engendre les plus grands vins rouges du monde : étonnamment parfumés, merveilleusement savoureux, complexes, subtils, en un mot irrésistibles. Néanmoins, ses admirateurs les plus fervents sont eux-mêmes contraints de reconnaître qu'elle leur inflige des déceptions navrantes et que le prix de ses vins est trop souvent astronomique. À des variations de qualité sidérantes s'ajoute une complexité quasi-inextricable. Mon objectif en rédigeant ce guide est de vous aider à vous orienter dans ce labyrinthe.

On a dit qu'il fallait être deux pour apprécier un grand Bordeaux, mais qu'un grand Bourgogne pouvait combler un solitaire, voulant sans doute dire par là que le premier stimule les spéculations intellectuelles, tandis que le second satisfait des besoins hédonistes. Le Bordeaux nous impressionne par son style et sa structure austères, son équilibre classique tandis que le Bourgogne – moins discipliné et plus imprévisible – nous tient en haleine, nous fascine par ses arômes, tantôt éthérés, tantôt animaux, à moins bien sûr que maussade, il ne choisisse de se montrer sous son mauvais jour. L'irrégularité même du Bourgogne est un défi à l'acheteur. Quand il est bon, il peut s'élever à la perfection ; quand il ne l'est pas, il est carrément détestable. Meilleur il est, plus succincts seront mes commentaires, car les grands vins défient les mots.

Il faut s'imposer un effort de mémoire pour se rappeler les grands Bourgogne que l'on a bus, car cela arrive rarement. Il n'est pas difficile, pour autant que l'on possède un portefeuille bien garni, d'acquérir de grands Crus Classés du Médoc ou de Saint-Émilion, et ceux qui en boivent de nombreuses bouteilles chaque année sont nombreux. En revanche, on ne peut espérer boire souvent de vraiment grands Bourgogne, ne serait-ce qu'une fois l'an : les bouteilles exceptionnelles que l'on a dégustées pendant toute une vie se comptent généralement sur les doigts de la main.

L'achat du Bourgogne rouge présente un problème épineux à l'amateur comme au professionnel, car il est toujours cher et trop fréquemment médiocre. Ceux dont l'intérêt pour le Bourgogne rouge est mitigé feraient mieux d'éviter ce vin. En revanche, l'enthousiaste trouve en Bourgogne un terrain d'expérience très riche, mais il doit accepter de prendre ses échecs avec philosophie. C'est avant tout une région destinée aux passionnés prêts à sacrifier d'autres luxes et à dépenser des sommes déraisonnables pour assouvir leur passion. Je conseille à ceux qui doutent de posséder la persévérance indispensable de se tourner plutôt vers les vins moins chers et moins risqués du Bordelais, ou des Côtes du Rhône. En Bourgogne, même les plus audacieux doivent craindre les difficultés, car le chemin qui mène aux bons vins est semé d'embûches et on le parcourt rarement sans éprouver des déceptions en cours de route.

Ne soyez pas découragés par ce qui précède, car une évolution se dessine qui laisse présager une meilleure mise en valeur des qualités exceptionnelles de la région, une quantité croissante de vins authentiques, bien vinifiés et bien élevés, chassant du marché ceux qui sont douteux ou mal élaborés.

Dans ce livre, je n'ai pas l'intention de clouer au pilori ceux qui sont responsables de la mauvaise réputation du Bourgogne. J'ai plutôt l'ambition d'aider le lecteur à mieux comprendre la région, ses vignerons, ses négociants, les difficultés qu'ils doivent affronter, et d'explorer avec lui le vignoble. J'espère que ce voyage sera agréable et enrichissant.

LE BERCEAU DE LA GASTRONOMIE

Étant donné qu'en Bourgogne, encore davantage que dans le reste de la France, le vin et la table sont indissociables, un livre sur les vins de cette région serait incomplet sans quelques lignes sur la cuisine bourguignonne. En Allemagne, où l'on boit de préférence le vin pour lui-même, cela ne serait pas nécessaire, mais en France, où la gastronomie est non seulement l'art d'apprêter les mets et leur ordonnance, mais encore celui de choisir les vins destinés à les accompagner, le vin met en valeur la cuisine et réciproquement. Aucun autre pays ne marie aussi heureusement les nourritures solides et liquides, et aucune autre province que la Bourgogne n'a réussi ce mariage aussi parfaitement. Dans cette région, on ne mange pas et on ne boit pas pour vivre, on vit pour manger et boire.

En Bourgogne, la primauté de la gastronomie est une tradition fort ancienne. Preuve en est l'importance donnée à la construction d'une cuisine monumentale par un des ducs de Bourgogne au XVᵉ siècle. Dans une des lettres à sa fille, la comtesse de Grignan, madame de Sévigné décrit un repas qu'elle fit à Saulieu en 1677 à l'Auberge du Dauphin : non seulement elle y dégusta un poisson en meurette sublime, mais encore elle but tellement de bon vin qu'elle fut un peu grise, pour la première fois de sa vie. La meurette n'est autre que la matelote à la bourguignonne, c'est-à-dire des tronçons de divers poissons d'eau douce cuits au vin rouge et flambés au marc de Bourgogne, la sauce étant liée au beurre manié, comme celle du coq au vin (*voir* ci-dessous).

Une des explications à la réputation gastronomique de la Bourgogne est l'excellence de ses produits agricoles. C'est de Bresse que viennent les meilleurs poulets de France ; la qualité du bœuf du Charolais est reconnue dans le monde entier ; la charcuterie du Morvan est sans égale ; il n'est de meilleur beurre que celui de Pommard ; le Rhône et la Saône regorgent de poissons délicieux.

Trois manifestations gastronomiques ostentatoires, les Trois Glorieuses, ont lieu chaque année en Côte d'Or, au moment de la célèbre vente aux enchères publiques des Hospices de Beaune. La première a lieu le samedi précédant la vente, à l'occasion d'un des chapitres de la confrérie des Chevaliers du Tastevin, et qui se tient dans le splendide cellier du château du Clos de Vougeot. Ce chapitre est suivi d'un banquet véritablement gargantuesque réunissant une assemblée très nombreuse, qui compte les nouveaux intronisés, pendant lequel le vin coule à flots. Si l'apparat de la cérémonie peut paraître exagéré à certains chevaliers et à nombre d'invités, celle-ci remplit indéniablement son rôle qui est de faire mieux connaître la Bourgogne et ses vins dans le monde. La deuxième manifestation est le banquet suivant la vente des Hospices, le troisième dimanche de novembre (*voir* page 54), à laquelle participent des acheteurs du monde entier. La troisième est la Paulée de Meursault, qui se déroule le lendemain. Le repas, qui réunit au château de Meursault les propriétaires-récoltants et leurs invités, six cents en tout, ne se termine pas avant six heures et on y compare longuement les mérites respectifs des nombreux vins qui l'arrosent. Les survivants poursuivent, dans les caves des vignerons, les dégustations tard dans la nuit. Ce repas, joyeux et bon enfant, qui traduit bien l'art de vivre des Bourguignons, est à mon avis la manifestation la plus authentique des trois.

COQ AU CHAMBERTIN

**Cette vieille recette auvergnate a été adoptée, il y a longtemps,
par les Bourguignons qui l'ont portée à son point de perfection.
Le coq au Chambertin s'accompagne, comme de juste, du même vin.
Si elle vous paraissait extravagante, remplacez le Chambertin
par un Morgon, mais le résultat sera moins éblouissant.**

Découpez en fricassée un jeune coq de Bresse de 1,500 kg, salez et poivrez. Dans une cocotte, faites fondre pendant 10 minutes, avec 50 g de beurre de Pommard, 100 g de lard maigre du Morvan taillé en lardons et blanchi. Ajoutez 12 petits oignons et faites-les rissoler 10 minutes. Retirez les lardons et les oignons avec une écumoire et réservez. Remplacez-les par les morceaux de coq que vous ferez bien dorer en deux ou trois fois sur toutes les faces. Remettez le tout dans la cocotte, arrosez d'un petit verre de marc de Bourgogne et flambez.

Mouillez avec une bouteille de Chambertin tiédi. Complétez avec 12 petits champignons de Paris revenus au beurre, un bouquet garni et une gousse d'ail écrasée. Laissez mijoter 45 minutes à 1 heure.

Après cuisson, retirez les morceaux de coq et le bouquet garni, rectifiez l'assaisonnement et liez au beurre manié (30 g de beurre ramolli et 30 g de farine bien mélangés). Remettez là volaille et laissez mijoter quelques minutes. Disposez le coq dans un plat chaud, nappez avec la sauce et servez avec des croûtons frits au beurre.

LA BOURGOGNE

La Bourgogne viticole – dans laquelle j'ai inclus le Beaujolais – ne forme pas un ensemble homogène. Cela n'a rien de surprenant puisqu'elle s'étend du département de l'Yonne, au nord, à celui du Rhône, au sud. Auxerre se trouve à 160 km de Paris et Lyon à 460. Dans cet intervalle de 300 km, on pouvait s'attendre à trouver non seulement des contrastes, entre les conditions géologiques et climatiques, mais encore des différences dans la personnalité des populations, et c'est bien le cas. A une extrémité, la Bourgogne se trouve à la limite septentrionale du climat permettant l'élaboration de grands vins rouges. A l'autre extrémité, les tuiles brûlées par le soleil et les après-midi somnolentes du Beaujolais montrent que, si l'on n'est pas encore dans le Sud de la France, on se trouve à sa porte.

LES RÉGIONS VINICOLES

La Bourgogne ne forme donc pas une région vinicole unitaire. On en compte cinq : l'Yonne, la Côte d'Or, la Côte Chalonnaise, le Mâconnais et le Beaujolais (qui s'étendent sur les quatre départements de l'Yonne, de la Côte-d'Or, de la Saône-et-Loire et du Rhône). Les vignobles de l'Yonne, isolés au nord-ouest de la Bourgogne, sont surtout connus pour leur blanc, le Chablis. Pour ce qui est du rouge, c'est la région la moins intéressante. La gloire va à la Côte d'Or, où sont produits tous les grands vins rouges qui ont rendu la Bourgogne célèbre dans le monde entier. A vrai dire, quand il est question de Bourgogne rouge, nombre de personnes ne pensent qu'à la Côte de Nuits et à la Côte de Beaune, qui forment la Côte d'Or. C'est un ruban ininterrompu de vignobles d'une cinquantaine de kilomètres de longueur qui se déroule à partir des portes de Dijon, passe par Beaune, à peu près à mi-distance, et s'achève à Cheilly-lès-Maranges, au sud-ouest de Chagny.

Là commence la Côte Chalonnaise, qui comprend des vignobles discontinus, principalement groupés dans les communes de Rully, Mercurey, Givry, Buxy et Montagny. Après une zone de cultures diverses c'est le Mâconnais, région viticole plus large, à laquelle succède le Beaujolais qui s'étend jusqu'aux environs de Lyon. On peut dire que les vins du Beaujolais sont aussi éloignés de ceux de la Côte d'Or que de ceux de la vallée du Rhône. Si le sol et le climat sont différents de ceux de la Côte d'Or, ainsi que le caractère des vignerons, le changement le plus significatif quant au vin rouge tient au cépage : le Gamay y remplace le Pinot Noir. Comme nous le verrons plus loin, ces cépages, pour donner le meilleur d'eux-mêmes, ont besoin d'emplacements différents.

RAPPEL HISTORIQUE

Quand et comment la vigne a fait son apparition en Bourgogne est une question qui intéresse davantage les historiens et les archéologues que les œnophiles. Nous n'avons pas besoin de savoir si elle a été apportée par les Phéniciens qui, venant de Marseille, auraient remonté la vallée du Rhône, désarmant l'hostilité des tribus rencontrées sur leur chemin en leur offrant du vin, ou si – comme le pensaient Pline et Plutarque – les Gaulois envahirent l'Italie pour s'emparer de son vin et en rapportèrent l'art de cultiver la vigne et de vinifier le raisin. Quoiqu'il en soit, on sait que les Gaulois élaboraient, buvaient et exportaient du vin il y a au moins 2 000 ans. Du fond de sa tombe l'empereur Domitien doit apprécier l'ironie de la situation quand il observe les efforts de la CEE pour réduire la production des vins ordinaires, alors que par son édit de 92 ap. J.-C. il avait interdit en Italie toute plantation nouvelle de vignes et ordonné, dans les provinces, donc en Gaule, l'arrachage d'au moins la moitié du vignoble. Comme on le voit, le conflit entre la quantité et la qualité qui touche toute la viti-viniculture – notamment celle de Bourgogne – ne date pas d'aujourd'hui.

A partir du VIᵉ siècle, l'influence des ordres monastiques sur la viticulture commence à devenir importante. Le vignoble bourguignon dut une grande partie de son rayonnement aux abbayes de Cluny et de Cîteaux, celle-ci étant à l'origine de la création du célèbre Clos de Vougeot.

Au XIVᵉ siècle, la qualité des vins de la région était notoire. Ainsi, les cardinaux d'Avignon se désolaient-ils à la perspective de perdre la Bourgogne qu'ils aimaient tant, si la papauté retournait à

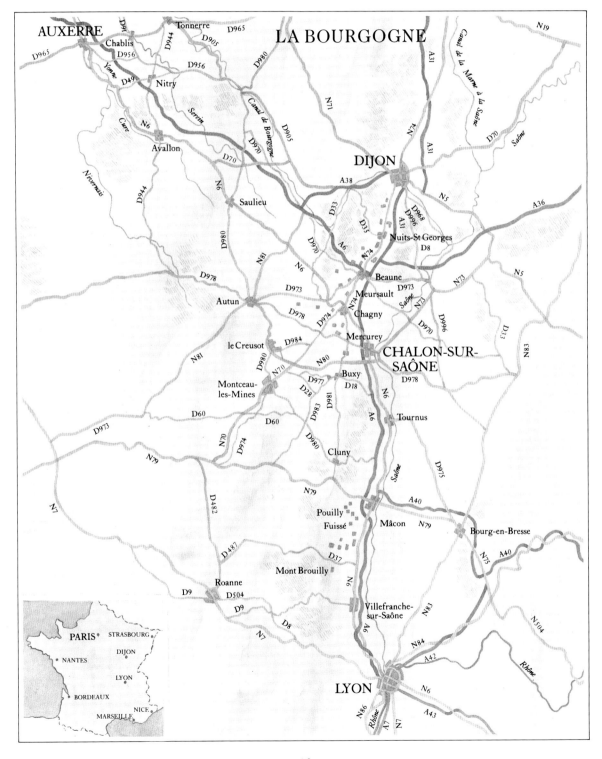

Rome. Ce n'est pourtant qu'à la fin du XIVe siècle et au début du XVe, quand la dynastie des Valois fit du duché de Bourgogne le plus puissant et le plus prospère état d'Europe occidentale, que le vin de Bourgogne fut reconnu comme le meilleur du continent. Son rôle dans l'agriculture et le commerce devint alors primordial.

Après la Révolution, la structure de la viticulture bourguignonne fut bouleversée par la vente des grands domaines appartenant à la noblesse et à l'Église, et la suppression de la succession par ordre de primogéniture (c'est-à-dire l'héritage par le seul fils aîné) et son remplacement par un partage entre tous les enfants. Un tel système, s'il satisfait un louable souci d'égalité, est préjudiciable à la prospérité et au développement des propriétés familiales et reste, aujourd'hui encore dans la région, source d'innombrables querelles intestines.

Les partages successifs de domaines de plus en plus exigus ont abouti à l'extraordinaire mosaïque de petites propriétés, qui est aujourd'hui la principale caractéristique de la viticulture bourguignonne, et aussi à la diversité des vins élaborés dans une même appellation. C'est une des principales différences avec le Bordelais, où les domaines sont plus vastes et où l'on peut raisonnablement prévoir que deux bouteilles provenant de vignobles de la même appellation communale présentent une parenté étroite.

LE CLIMAT

Nous avons vu que la Bourgogne est la plus septentrionale des régions produisant de grands vins rouges. On peut donc penser qu'elle se trouve à la limite climatique du complet mûrissement du raisin. J'estime que c'est là le facteur crucial de la plus ou moins grande réussite de chaque millésime. Dans ces conditions, on comprend aisément que l'élaboration d'un grand Bourgogne soit un exercice périlleux : c'est seulement avec un maximum de soins et en courant de grands risques que le vigneron peut espérer s'approcher de la perfection. L'association du meilleur sol, de conditions climatiques parfaites et d'un cépage bien choisi, ne suffit pas pour obtenir un grand vin, surtout si l'on applique des méthodes de culture et de vinification rigides. S'élever au-dessus du niveau de la technique et atteindre celui de l'art exige de l'imagination, de l'expérience et le don de soi. Ces qualités ne sont nulle part ailleurs plus nécessaires que dans la Côte d'Or.

Le marché de Nuits-Saint-Georges nous rappelle que, même en Bourgogne,
on ne peut vivre seulement de vin.

La Bourgogne a non seulement un climat à peine assez chaud, surtout au nord, pour que le raisin noir mûrisse, mais elle a encore choisi le cépage le plus capricieux, le Pinot Noir. Transplanté dans les autres vignobles du monde, il refuse obstinément de donner un vin possédant la richesse, le charme et l'élégance de celui qu'il engendre (et encore pas toujours) sur son terrain favori, la Côte d'Or.

La différence de latitude entre la Bourgogne et le Bordelais n'est pas très grande, mais la frontière entre l'échec et la réussite est plus nette et plus fréquemment franchie en Bourgogne. Le climat bordelais est tempéré par l'influence de l'Atlantique, tandis que celui de la Bourgogne est plus continental : les hivers y sont rudes, et souvent suivis par des étés torrides. On sait que le principal cépage rouge du Médoc, le Cabernet Sauvignon, refuse de mûrir en Côte d'Or, et ce n'es pas un effet du hasard si le Pinot Noir ne donne rien de bon dans le Bordelais et les régions voisines. Le Cabernet Sauvignon n'est pas un cépage capricieux, pour autant qu'il reçoive suffisamment de chaleur et de soleil, mais le Pinot Noir est beaucoup plus difficile à satisfaire. Si vous voulez non seulement qu'il mûrisse, mais encore qu'il déploie toutes ses qualités, il faut lui offrir un climat contrasté. Il ne se plaît pas au sud de Mâcon, où le climat est plus égal, et on lui préfère le Gamay.

LES SOLS

On cherche à expliquer dans le monde entier pourquoi on produit de meilleurs vins dans telle ou telle région, ou même dans un vignoble donné. En France on accorde une attention toute particulière au terroir, c'est-à-dire à l'association de la nature du sol, du mésoclimat et de l'exposition. C'est même la base de toute la réglementation de l'appellation contrôlée.

Est-il légitime d'accorder une telle importance à la structure géologique et à la composition du sol ? Dans de nombreux pays on les néglige, et préfère accorder davantage d'attention aux techniques de vinification. Même ceux qui sont convaincus que la nature du sol est un facteur essentiel ne peuvent expliquer de manière absolument convaincante comment elle agit. Quand on aborde la question de l'influence mesurable sur le jus de raisin fermenté du climat, de la nature du sol et du sous-sol, on parvient vite dans le domaine de l'inexplicable et du mystérieux. Ces données sont trop imprécises pour permettre l'analyse scientifique. Ceux qui trouvent cette incertitude inconfortable préfèrent chercher une explication ailleurs, du côté de facteurs plus facilement mesurables ou comparables comme la lumière, la chaleur et les techniques de vinification et d'élevage. Même si l'influence relative de ces différents facteurs, y compris celle du terroir, ne peut être établie sur une base théorique, on ne peut que donner raison aux partisans de la prédominance du terroir quand on en vient à l'aspect pratique des choses : en effet, les vins français font toujours l'envie des autres régions vinicoles du monde. C'est pourquoi il me semble utile d'examiner de plus près celui de la Bourgogne afin de tenter de découvrir ce qui donne aux vins qu'il engendre leur style, leur complexité et leur originalité.

Le terrain calcaire caillouteux et sablonneux, associé aux marnes sèches, est l'élément dominant du sol de la Côte d'Or. Vu l'importance du drainage, les meilleurs vignobles sont tous à flanc de coteau. Le meilleur emplacement, pour le Pinot Noir, est à mi-hauteur, où l'on trouve le sol le plus satisfaisant. Plus haut, il est trop léger, plus bas, il est insuffisamment drainé. Quand le sol est à prédominance de calcaire léger avec très peu d'argile, le Chardonnay s'y trouve mieux que le Pinot Noir. C'est pourquoi les plus grands Bourgogne blancs viennent de la Côte de Beaune. En revanche, c'est sur les sols plus rouges et plus riches de la Côte de Nuits que le Pinot Noir donne le meilleur de lui-même.

La Côte de Nuits et la Côte de Beaune auraient pu s'appeler respectivement (à l'image de la Côte Rôtie des Côtes-du-Rhône septentrionales) Côte Brune et Côte Blonde, car un simple regard sur leurs vignobles révèle une appréciable différence de la couleur du sol. Celui qui est plus pâle et apparemment plus pauvre convient mieux, semble-t-il, au Montrachet blanc qu'au Chambertin rouge.

Un autre facteur pouvant influencer le choix du cépage est l'exposition du vignoble. L'examen d'une carte révèle une différence, faible mais perceptible, de l'orientation de la Côte de Nuits et de la Côte de Beaune. La plus grande partie de la première fait directement face à l'est, tandis que la seconde tourne légèrement vers le sud-est. Cette petite différence n'est pas négligeable car plus tôt un vignoble reçoit le soleil matinal, plus vite il se réchauffe, ce qui accélère la maturation du raisin et diminue le risque de développement des mala-

*Les barriques et les fûts de chêne sont indispensables à l'élaboration
des grands Bourgogne.*

dies cryptogamiques, notamment de la pourriture grise. Ce facteur est tenu pour important en Côte d'Or, et les années où le mûrissement risque d'être imparfait, cette nuance dans l'orientation du vignoble peut faire toute la différence entre un vin réussi et un vin médiocre. Ce fut le cas en 1980 : les vins de la Côte de Nuits furent nettement supérieurs à ceux de la Côte de Beaune.

Il ne faut pas limiter notre examen des terroirs de la Bourgogne à la Côte d'Or, bien que l'on y élabore les meilleurs vins. Au sud de Chagny, on pénètre dans la Côte Chalonnaise, dont la structure géologique est beaucoup plus irrégulière et qui fait la transition avec le Mâconnais. C'est une région de polyculture, les vignobles des appellations communales étant groupés dans les zones où la nature du sol est favorable à la vigne. Ainsi à Mercurey, la meilleure commune de la Côte Chalonnaise pour les vins rouges, le sous-sol a-t-il la même composition que celui de certains vignobles de la Côte d'Or et les meilleurs Mercurey peuvent facilement rivaliser, à mon avis, avec le Nuits-Saint-Georges.

Le Mâconnais ne retiendra pas notre attention, car ses vins rouges n'ont ni la finesse de ceux de la Côte d'Or, ni le charme de ceux du Beaujolais. Ici, le sol calcaire est mieux adapté à la production des vins blancs.

Le Beaujolais, qui produit autant de vin, sinon plus, que le reste de la Bourgogne, jouxte le Mâconnais, au sud. On a de bonnes raisons de le traiter séparément de la Bourgogne proprement dite, bien que son vignoble en fasse administrativement partie. Il nous fournit un exemple parfait de l'importance de l'association du terroir et du cépage, en l'occurrence le Gamay, réputé pour son fort rendement. La structure géologique de la zone des crus et des Beaujolais-Villages est différente de celle du Mâconnais : c'est un schiste granitique convenant admirablement au Gamay. Plus au sud, dans le Bas-Beaujolais, on retrouve un sol argilo-calcaire et un vin ressemblant au Mâcon rouge issu du Gamay. Avec le Beaujolais, on est loin de la complexité et de la subtilité des pur-sang de la Côte d'Or. C'est un vin qui n'exige pas d'efforts intellectuels pour être compris. Simple, il convient à ceux qui recherchent des plaisirs simples et qui ont soif.

16

VITICULTURE
CONDUITE DE LA VIGNE

Le principal contraste entre le nord et le sud de la Bourgogne viticole vient des deux cépages adoptés, l'un excluant presque totalement l'autre. C'est du nord que viennent les plus grands vins issus du Pinot Noir, tandis que la plus belle expression du Gamay vient incontestablement du Beaujolais. Ce ne fut pas toujours le cas.

En effet, le Gamay fut longtemps chez lui dans le nord, malgré de nombreuses tentatives pour l'en bannir, dont la plus connue est celle du duc Philippe le Hardi, en 1395. Il existe même un village de ce nom entre Saint-Aubin et Chassagne-Montrachet, à l'extrémité méridionale de la Côte de Beaune, où l'on ne cultive plus de Gamay, sinon pour l'élaboration du Bourgogne Passetoutgrain (mélange dans la cuve de fermentation de deux tiers de Gamay et d'un tiers de Pinot Noir). Au XIXᵉ siècle, les vignobles proches de Dijon étaient encore entièrement complantés en Gamay, qui donnait en abondance un vin bon marché dont la ville était friande, et à Marsannay on aurait difficilement trouvé une souche de Pinot Noir.

Au XXᵉ siècle, l'importance traditionnelle du Gamay dans le nord de la Bourgogne comme fournisseur prolifique de vin pour la consommation quotidienne fut enfin réduite, grâce surtout à la réglementation de l'appellation contrôlée qui spécifie, pour chaque appellation, les cépages autorisés. Cette reconnaissance de la nécessaire relation entre le terroir et le cépage est au cœur de la réputation de la France comme producteur des plus grands vins du monde.

Sans doute, l'expulsion du Gamay fut-elle facilitée par la prospérité de l'Europe occidentale et des États-Unis, qui provoqua une énorme augmentation de la demande pour ce que la France pouvait offrir de mieux. Il est maintenant financièrement avantageux pour les vignerons de choisir la qualité plutôt que la quantité. Dans le passé, la vie était plus dure et on peut penser que la présence du Gamay était due à une nécessité économique. Les ducs de Bourgogne pouvaient préférer le vin de Pinot Noir – ils étaient assez riches pour s'offrir le meilleur en tout – mais le marché demandait du vin rouge pour la consommation immédiate et à un prix raisonnable, d'où la persistance du Gamay. Aujourd'hui, la culture du Pinot Noir est une affaire en or en Bourgogne : dans nulle autre région produisant de grands vins la demande n'excède-t-elle l'offre à un tel point.

LE GAMAY

Le Gamay Noir à Jus Blanc – tel est son nom complet – est un cépage important au point de vue quantitatif mais, bien qu'il soit à la mode, on ne peut le ranger parmi les cépages nobles. Il occupe 98 % du vignoble beaujolais où sa raison d'être est la production d'un vin relativement léger, sans complication, néanmoins satisfaisant et à un prix que j'estime raisonnable. Ne convenant évidemment pas aux dîners aux chandelles, il est en quelque sorte la quintessence du vin de carafe. Comme le Sauvignon, qui peut donner un vin blanc nerveux et désaltérant, le Gamay peut donner un vin rouge propre à étancher la soif. Le fruit, l'acidité et le charme juvénile du Beaujolais sont des qualités que l'on associe généralement aux vins blancs, et ce n'est sans doute pas un hasard si sa prodigieuse popularité a coïncidé avec la vogue mondiale des blancs secs (je trouve même qu'un des meilleurs crus du Beaujolais, le Côte de Breuilly, possède un arôme se rapprochant davantage de celui du Sauvignon que de celui du Gamay). Ces caractères sont encore rehaussés par les méthodes de vinification (semi-carbonique et carbonique, *voir* page 20), qui exagèrent presque l'exubérance aromatique du Gamay.

Le style des vins du Beaujolais n'est toutefois pas homogène, ce qui nous ramène au terroir. Dans le Haut-Beaujolais, le sol est formé de débris de granite et de cailloux, et le vignoble est planté sur les coteaux. La vigne est conduite en taille courte et le rendement limité. La vinification n'est pas menée pour la consommation immédiate et les meilleurs vins démontrent que le Gamay est capable de refléter le caractère du terroir et de bien vieillir. Curieusement, avec le temps, un bon Beaujolais acquiert un style, des arômes et des saveurs rappelant beaucoup ceux d'un vin de Pinot Noir, au point qu'il est presque impossible de distinger un Moulin-à-Vent ou un Morgon d'un bon millésime, et ayant dix ans de bouteille, d'un Côte de Beaune. En revanche, dans le Bas-Beaujolais, sur des sols plus lourds et moins bien drainés, où l'on conduit la vigne en taille longue, sur fils de fer, le rendement est plus élevé et les vins ne sont pas de garde : c'est la patrie du Beaujolais nouveau.

PINOT NOIR

« Le bon Pinot Noir est aussi rare qu'une poule ayant des dents » me dit un jour un viticulteur américain. En effet, ce cépage notoirement capricieux donne constamment du fil à retordre aux viticulteurs comme aux vinificateurs. Il est beaucoup moins accommodant que le cépage blanc qui partage avec lui le haut du pavé en Bourgogne, le Chardonnay, obligeant et bien élevé.

On range toujours le Pinot Noir dans la classe des cépages nobles et pourtant il a de mauvaises manières et donne l'impression que son hérédité est loin d'être pure. Il a l'habitude de rappeler au moment le moins opportun que son origine est une vigne sauvage. Si le Cabernet Sauvignon possède une distinction naturelle toute aristocratique, le Pinot Noir, en revanche, a derrière lui une longue histoire d'instabilité génétique, et il est sujet à de si nombreuses mutations que les vignerons ne sont pas capable de déterminer avec certitude la

Le bénaton, panier de vendange traditionnel en Bourgogne, est de plus en plus remplacé par des récipients en matière plastique.

Pinot Noir

Gamay

composition exacte de l'encépagement de leur vignoble (on a identifié un millier de clones différents). Les caractéristiques gustatives du vin issu du Pinot Noir sont nettement reconnaissables, mais il les perd avec une facilité déconcertante si l'on pousse le rendement ou chaptalise à l'excès. Jeune, il possède des arômes de framboise, cassis et cerise, avec parfois une note animale annonçant le bouquet qu'il acquerra à pleine maturité, évoquant les feuilles mortes et les sous-bois.

Le Pinot Noir ne peut déployer toutes ses qualités que dans des conditions culturales difficiles. C'est un cépage de la première époque, c'est-à-dire que sa maturité est naturellement précoce. Dans les climats chauds où il mûrit trop facilement, il donne des résultats beaucoup moins satisfaisants. D'un autre côté, un raisin qui ne bénéficie pas d'un mûrissement parfait donne un vin un peu vulgaire, manquant de finesse et d'élégance, ce dont les producteurs californiens se sont rendu compte à leurs dépens.

Un rendement faible est toujours facteur de qualité, et c'est particulièrement vrai pour le Pinot Noir. On a vu qu'autrefois la prolifération du Gamay dans le nord de la Bourgogne avait été provoquée par des raisons économiques. De même aujourd'hui, l'ampleur de la demande et la recherche du profit ont incité des vignerons à choisir des clones prolifiques et/ou à pousser le rendement, ce qui explique pourquoi certains Bourgogne sont si décevants.

Ceux qui sont soucieux de qualité – heureusement il y en a – ont identifié et multiplié leurs meilleures souches sur une longue période. Cette méthode, la sélection massale, est loin d'être précise et s'appuie sur l'expérience, qui est une arme irremplaçable dans l'arsenal du vigneron. Dans tout vignoble bourguignon de Pinot Noir, on trouvera probablement une douzaine de clones différents. Certains pourraient engendrer un vin de qualité exceptionnelle, mais en si faible quantité qu'il serait beaucoup trop cher. D'autres ont un rendement naturellement élevé et s'ils sont trop nombreux dans le vignoble, le vin résultant sera insuffisamment structuré et manquera de concentration. Un compromis entre ces deux extrêmes est indispensable. Le vigneron l'obtient par un savant dosage entre les souches dont le raisin à peau fine donne un moût abondant et celles, plus difficiles à travailler, qui sont moins généreuses mais contribuent grandement à la qualité. Une autre condition *sine qua non* pour obtenir un grand vin est la présence de vieilles vignes, qui engendrent un vin possédant une teneur élevée en alcool, en acide et en extrait, mais qui n'est pas abondant.

Quand la qualité d'un vignoble se dégrade, on a tendance à accuser les clones qui y sont cultivés. Pourtant c'est généralement une production trop abondante qui en est responsable. Malgré les règlements de l'appellation contrôlée qui stipulent le rendement maximum autorisé dans chaque appellation, les dérogations paraissent maintenant devenir la règle plutôt que l'exception, et dans bien des cas le rendement est dangereusement élevé. Les conditions idéales sont un choix judicieux et équilibré des clones, une proportion suffisante de vieilles vignes et un rendement bridé par une taille sévère. De trop nombreux vignerons s'en remettent à la nature – mauvaise floraison, gelées et grêle – pour limiter le rendement.

VINIFICATION
L'ÉLABORATION DU VIN

La fermentation est un phénomène naturel et spontané : sous l'effet des levures, présentes sur la peau, le sucre du raisin est transformé en alcool et l'on obtient du vin. Cependant, l'élaboration d'un grand vin est plus compliquée. Le vigneron est déjà intervenu en choisissant l'emplacement du vignoble, le cépage et la méthode de conduite de la vigne. Quand la nature a joué son rôle en faisant pousser le raisin, c'est à lui de tirer le meilleur parti possible de cette matière première, en en dirigeant la fermentation. Il existe un certain nombre de règles, mais les nombreuses manières dont elles peuvent être appliquées sont un autre facteur des grandes variations de style et de qualité des Bourgogne rouges. Les procédures suivies pour l'élaboration des différents crus classés du Médoc seront presque identiques, tandis qu'en Bourgogne chaque vigneron a sa propre formule. Une autre différence est que dans le Bordelais les cépages choisis pour l'assemblage tendent à dominer le vin, alors qu'en Bourgogne l'influence du terroir peut être beaucoup plus grande si le vigneron le permet.

L'élaboration du vin comprend généralement deux étapes : la vinification proprement dite, c'est-à-dire la fermentation, suivie de l'élevage.

La vinification des Beaujolais

Il n'est pas surprenant que les méthodes pour obtenir un vin à boire jeune soient différentes de celles mises en œuvre pour un vin de longue garde. Les vignerons du Beaujolais ont porté à la perfection la vinification en grains entiers, qui fut probablement la première pratiquée par l'homme. Les différences essentielles entre la vinification beaujolaise, dite aussi semi-carbonique, et la vinification traditionnelle, sont d'une part que le raisin n'est ni égrappé ni foulé avant d'être déposé dans la cuve de fermentation, d'autre part que le gaz carbonique se développant pendant la fermentation reste emprisonné dans la cuve, laquelle est fermée.

Plus de la moitié de la production de la région est du vin de primeur, le fameux Beaujolais nouveau, obtenu par macération carbonique. Cette méthode diffère de la précédente en ce sens que les grappes sont déposées dans une cuve saturée de gaz carbonique (venant d'une bouteille de gaz ou d'une autre cuve). Elle est maintenant pratiquée au-delà du Beaujolais, pour de nombreux vins de pays, et même pour certaines appellations de la vallée du Rhône élaborant des vins de consommation immédiate.

La raison d'être de la vinification en grains entiers est de favoriser au maximum l'extraction des arômes de fruit et de réduire celle du tanin. La macération est limitée à trois ou quatre jours, un peu moins pour le Beaujolais nouveau, et un peu plus pour les crus. Cette méthode donne des vins qui n'ont pas de potentiel de vieillissement, mais sont très fruités et qui, si l'on en juge par leur succès commercial dans le monde entier, répondent à l'attente des consommateurs. Le fait qu'ils soient vendus très rapidement a libéré les vignerons de l'obligation de financer des stocks et a apporté à la région une grande prospérité. Quant à la question de l'élevage, elle ne se pose pas puisque la plus grande partie du Beaujolais a été élaborée, distribuée et bue avant même que les grands vins de la Côte d'Or aient été mis en bouteilles. Il y a pourtant des exceptions : on trouve encore des producteurs des meilleurs crus, comme le Moulin-à-Vent, qui prolongent la durée de la cuvaison pour extraire davantage de tanin de la peau et des pépins du raisin, ce qui donne à leur vin une certaine longévité.

La recherche de la perfection

Plus au nord, les vins sont plus sérieux et les méthodes inévitablement plus compliquées. La perfection technique et esthétique exige un équilibre parfait entre les différents composants du vin : le vigneron cherche la formule qui le lui apportera et lui permettra de magnifier les caractères du cépage et du terroir. En Bourgogne, la nature ne distribue pas les mêmes cartes chaque année, aussi le vigneron doit-il modifier son jeu pour remporter la partie.

La plus grande différence entre la vinification en blanc et celle en rouge est que pour la seconde, le moût doit macérer longtemps avec la peau du raisin pour en extraire la couleur et le tanin. La pourriture doit donc être évitée à tout prix, car

*Le décuvage – extraction du marc après l'écoulage du vin – est un travail
pénible, surtout quand, pressé par le temps comme ici dans le Beaujolais,
on l'effectue au milieu de la nuit. On se sert traditionnellement d'une fourche
pour cette opération qui est encore rarement automatisée.*

elle communiquerait un mauvais goût au vin. Ce problème est particulièrement crucial en Bourgogne, où la pluie et la grêle représentent un danger omniprésent.

Si le raisin est attaqué par la pourriture grise, le vigneron est confronté à un dilemme : s'il limite la durée de la macération pour éviter d'altérer le goût du vin, l'extraction de couleur sera insuffisante (le millésime 1983 est une parfaite illustration de cette difficulté). La solution est l'élimination rigoureuse des baies touchées par la pourriture. « Il faut trier, trier et trier encore », a l'habitude de dire Michel Lafarge, de Volnay.

Le Pinot Noir pose un autre problème. Une robe profonde n'est pas indispensable à la qualité du Bourgogne rouge et n'est même pas typique de ce vin, mais le vigneron sait que la plupart de ses clients n'accepteront pas de payer un prix élevé pour un vin ressemblant à un rosé. On a dit que le premier devoir d'un vin rouge est d'être vraiment rouge et c'est peut-être ce qui a conduit dans le passé de nombreux producteurs à couper frauduleusement leur vin avec de robustes rouges du Midi ou d'Afrique du Nord. Nous assistons actuellement à un retour à des Bourgogne plus honnêtes, mais l'ironie de la situation est que ceux-ci sont peut-être, à mon avis, moins satisfaisants que les précédents. Les falsifications n'avaient pas pour origine un réel désir de tromper le consommateur, mais plutôt l'obéissance à une loi du marché, à savoir fournir au client ce qu'il demande. Aujourd'hui, la falsification est l'exception, bien qu'un scandale éclate ici et là chaque année. Le consommateur s'en méfie et c'est une bonne chose en soi, mais cela ne résout pas les problèmes afférents à l'élaboration et à l'achat du Bourgogne rouge et je ne prévois pas qu'ils disparaîtront de sitôt.

Ainsi que je l'ai déjà dit, chaque vigneron bourguignon vinifie à son idée. Les principales variations concernent l'éraflage, le choix des levures, la température de fermentation et la durée de la cuvaison. Les tenants de la tradition, qui veulent obtenir des vins de garde, conservent une partie de la rafle et adoptent une cuvaison pouvant durer un mois ou davantage alors que les modernistes, majoritaires, qui veulent satisfaire un marché demandant des vins à boire plus vite, égrappent totalement et choisissent une cuvaison beaucoup plus courte. La première fermentation est suivie de la fermentation malolactique, parfois laborieuse par temps froid, qui transforme l'acide malique en acide lactique, ce qui a pour effet d'assouplir le vin.

LA CHAPTALISATION

L'addition de sucre raffiné au moût, autrement dit la chaptalisation, destinée à élever le titre alcoométrique du vin, est une des questions les plus controversées. Quand on en use avec modération, elle permet de rectifier l'équilibre du vin, mais les vieilles habitudes sont tenaces et son abus, avec le rendement trop poussé, est un des procédés les plus néfastes à la qualité. Elle masque la pureté du fruit du cépage et brûle la gorge du buveur. On a longtemps associé le « degré » à la qualité, mais une évolution récente encourage ceux d'entre nous qui estiment que 13 % d'alcool ne conviennent pas au style et à l'équilibre du vin issu du Pinot Noir.

L'ÉLEVAGE DANS LE CHÊNE

Après la vinification proprement dite, l'élevage est essentiellement un travail répétitif : le vin est soutiré quatre fois par an, c'est-à-dire qu'il est déplacé d'une barrique à une autre pour le séparer de ses lies (les dépôts qui s'accumulent à la partie inférieure) et que l'on procède régulièrement à l'ouillage, opération qui constitue à compenser l'évaporation par du vin, afin de minimiser l'oxydation au contact de l'air.

Un des aspects les plus intéressants de l'élevage est l'utilisation du chêne neuf. Traditionnellement, le Bourgogne rouge est élevé dans des barriques de 228 litres, faites de chêne du Limousin, de l'Allier ou du Nivernais. Utilisé avec discernement, le chêne neuf peut enrichir le vin, lui apporter des arômes épicés, des tannins supplémentaires et contribuer à sa complexité et à sa longévité. Il faut pourtant faire preuve de doigté, car le chêne neuf peut vite dominer le fruit. La proportion de barriques de chêne neuf par rapport à celles qui ont déjà servi quelques années peut varier selon les millésimes et avec le goût des vinificateurs.

LE BOURGOGNE EST-IL ENCORE BON ?

Depuis quelques années, on se plaint – souvent avec raison – de la qualité du Bourgogne rouge. Les méthodes qui président à son élaboration sont-elles en cause ou n'est-ce pas plutôt parce que de nombreux consommateurs, nourris des souvenirs du passé, ignorent le véritable caractère de ce vin ? Nous avons rarement l'occasion, en France, de goûter les « Bourgogne » de Californie, d'Afrique du Sud, d'Australie ou d'Amérique du Sud. C'est pourtant une expérience intéressante car, aussi médiocre soient-ils, ils sont à l'image de certains Bourgogne d'autrefois, lourds et épais. Mon propos n'est pas de défendre les vins trop minces contre lesquels on s'est justement insurgé et qui ont beaucoup fait pour la mauvaise réputation de la région, mais les raisons de la différence entre les Bourgogne d'antan et ceux d'aujourd'hui sont généralement mal comprises. Si la qualité de nombre d'entre eux a baissé depuis la guerre, il faut en chercher la cause dans des rendements exagérés, plutôt que dans les techniques de vinification mises en œuvre. Des progrès considérables ont été constatés depuis quelques années : les millésimes vraiment désastreux ne sont plus qu'un mauvais souvenir et des vins acceptables sont maintenant produits, même quand l'année a été trop froide ou trop humide.

A vrai dire, une espèce de révolution a lieu actuellement en Bourgogne. Une nouvelle génération de vignerons lutte pour un retour à la qualité, et nous découvrirons dans les pages suivantes que ses efforts ne sont pas vains.

COMMERCIALISATION
DU BOURGOGNE

Aussi étonnant que cela puisse paraître à ceux qui connaissent mal la Bourgogne, les vignerons eux-mêmes ne jouaient pas, encore récemment, un rôle important dans la commercialisation de leur production, et cela expliquait en partie la qualité médiocre d'une grande proportion des vins que l'on trouvait sur le marché.

L'organisation viti-vinicole de la région comprend quatre grands secteurs :

1. Les vignerons ou propriétaires-récoltants cultivent la vigne et, dans leur grande majorité, élaborent leur vin, même s'ils ne le mettent pas nécessairement en bouteilles.

2. Les négociants-éleveurs, souvent, possèdent aussi des vignobles, les exploitent et en vinifient la production. Ils achètent des vins en vrac aux vignerons, les assemblent et les commercialisent dans le monde entier. Il est question d'eux, quand on parle du *négoce*.

3. Les courtiers ont un rôle moins visible, mais ils sont le lien vital entre les vignerons et le négoce.

4. Les coopératives ont une importance négligeable en Côte d'Or, mais elles jouent, quantitativement, un rôle de premier plan dans le Mâconnais et le Beaujolais.

Avant 1970, jusqu'à 95 % de la production de la Côte d'Or était entre les mains du négoce. Son importance s'expliquait par l'extrême morcellement du vignoble ; car s'il est difficile de vinifier une très petite production, il est encore plus difficile de la commercialiser. Pourtant, l'avènement de la mise en bouteilles au domaine – le vigneron élabore, vinifie, élève, conditionne et, parfois, vend

Dans la cave flambant neuf du Domaine Rion, à Prémeaux,
près de Nuits-Saint-Georges, Daniel Rion examine la robe du vin
qu'il élève dans des barriques de chêne neuf.

son propre vin – a provoqué une redistribution des cartes. Aujourd'hui, plus de la moitié du Bourgogne rouge est mis en bouteilles par les vignerons, et ils assurent eux-mêmes la commercialisation d'environ un tiers. Cela a mis les vignerons en position de force et placé le négoce sur la défensive.

Traditionnellement, le négociant joue le rôle du méchant et le vigneron celui du bon, et il est dans l'intérêt du second de perpétuer ce mythe. Pourtant la vérité est moins tranchée, car il y a de bons et de mauvais négociants, comme il y a de bons et de mauvais vignerons. Il serait naïf d'imaginer que tous, négociants et vignerons, résistent toujours vertueusement à la tentation d'arrondir leurs bénéfices grâce à la fraude.

LA DOUBLE RÉCOMPENSE DU VIGNERON

Le succès de toute entreprise dépend de la présence de stimulants économiques. Si la demande pour un produit donné est si forte qu'il peut se vendre à n'importe quel prix, quelle que soit sa qualité, il est inévitable que quelques producteurs en profitent pour engranger un maximum de bénéfices, par tous les moyens, pendant que la situation est favorable. Il est non moins inévitable que les consommateurs finissent par regimber. Heureusement, il est des stimulants plus sains, comme le souci de leur réputation, qui incitent les producteurs conscients de leur intérêt à long terme à rechercher la qualité. C'est grâce à ceux-ci que la Bourgogne est actuellement le siège d'une véritable renaissance. Les vignerons qui se sont libérés des liens contractuels avec un négociant, ont découvert qu'ils pouvaient vendre leur vin au négoce à un prix proportionnel à sa qualité. Ils ne l'élaborent plus en pensant qu'il sera inévitablement assemblé avec des vins de qualité inférieure, produits par des voisins vinifiant mal ou exploitant un mauvais vignoble, ou même qu'il sera ignominieusement coupé avec des vins d'origine douteuse. Ils s'attachent maintenant à extraire le maximum de caractère et de finesse de leur vigne et de leur terroir. Ces novateurs sont doublement récompensés de leurs efforts par un revenu et une réputation accrus.

Une possibilité de s'affranchir plus complètement de la tutelle du négoce et d'augmenter encore les bénéfices de leur exploitation s'offre aux vignerons : des consommateurs de plus en plus nombreux cherchent à supprimer les intermédiaires en frappant directement à la porte des producteurs. Les deux parties bénéficient de la vente directe : le vigneron obtient un meilleur prix de son vin et l'acheteur le paie moins cher. Cette évolution n'a toutefois pas que des conséquences positives, car il est plus facile de tromper cette nouvelle clientèle que les courtiers ou les négociants, avec lesquels le vigneron était contraint de traiter dans le passé. Il arrive qu'un vigneron peu scrupuleux place dans le coffre de la voiture du client de passage un vin différent de celui qu'il lui a fait goûter. Il se moque de la colère de sa victime qui sera loin quand elle découvrira la fraude alors qu'avec un courtier, un tel procédé serait proprement suicidaire. Ceux qui n'ont pas l'âme bien trempée ne résistent pas à l'attrait de l'argent facilement gagné. Si les vignerons abusent de leur position dominante en produisant des vins de qualité inférieure qu'ils commercialisent malhonnêtement, on peut être certain que le pendule retournera vers les marchands honnêtes.

Cependant tout tend à prouver que la plupart des vignerons, loin de céder à la facilité, ont conscience de la chance exceptionnelle qui s'offre à eux. C'est à eux que l'on doit la renaissance de la qualité constatée en Bourgogne et la montée en puissance des vignerons s'avère finalement une bonne chose pour les consommateurs.

LE POINT DE VUE DU NÉGOCE

Dans quelle position cette nouvelle donne place-t-elle les négociants ? Ils ont des moyens de vinifier, d'assembler, d'élever, d'embouteiller, de stocker et de commercialiser les vins qui ne sont pas à la

Georges Dubœuf, le négociant le plus connu du Beaujolais, hume le vin d'un de ses vignerons.

portée des petits vignerons. Le rôle d'éleveur exige des investissements importants : le matériel de cave est de plus en plus cher, les barriques doivent être renouvelées (leur prix est aujourd'hui de l'ordre de 2 000 F), les charges salariales sont élevées et il leur faut financer un grand stock. La supériorité du négoce est évidente dans ce domaine, car la plupart des vignerons ne sont pas en mesure de faire face à des dépenses aussi lourdes. A l'origine, les négociants furent des vignerons ayant un tel succès qu'ils durent étendre leur activité au-delà du cercle familial. Ils connaissent bien les problèmes auxquels les vignerons doivent faire face et présentent l'avantage d'offrir une gamme étendue de vins de diverses appellations. Leur faiblesse est que leurs vins, élaborés sur une grande échelle sans le doigté propre au vigneron, ne sont pas typés et reflètent mal le caractère des appellations et encore moins les nuances des terroirs. On a souvent l'impression que les différences entre eux se limitent à l'étiquette. Le manque de distinction et d'individualité est le reproche le plus fréquemment adressé aux vins de négociants.

Pourtant, le négociant a ses raisons : il a une vision du marché différente de celle du petit vigneron. La mise en valeur du contraste entre les terroirs ne fait pas partie de ses préoccupations. Au contraire, il s'efforce de les gommer pour fournir à sa clientèle un vin stable qui soit, dans la mesure du possible, toujours semblable à lui-même. Des filtrations répétées et même la pasteurisation ne sont pas inconnues chez les négociants, alors que ces pratiques n'ont que rarement droit de cité dans la cave des petits vignerons. Les vins de négociants sont soumis à des traitements à chaque étape de leur élaboration, et ces manipulations successives sont dangereuses pour des vins aussi fragiles que ceux engendrés par le Pinot Noir. S'il est une raison qui devrait inciter l'œnophile à y regarder à deux fois avant d'acheter des vins de négociant, c'est tout simplement leur personnalité effacée.

Les négociants, qui luttent pour leur survie, sont contraints de reconsidérer leur rôle. Certains mettent l'accent sur la commercialisation en masse de vins de table dont l'origine est éloignée de la région. S'ils sont déjà connus pour leurs Bourgogne, ils espèrent que leur nom apposé sur l'étiquette aidera à la vente, le consommateur imaginant qu'il boit un Bourgogne déclassé (en vérité, de tels vins n'existent pas, ou s'ils existent ce ne devrait pas être le cas). D'autres s'efforcent de jouer un rôle plus proche de celui de courtier que de celui d'assembleur et d'éleveur. Je suis persuadé que les meilleurs négociants ne sont pas menacés et qu'ils sortiront renforcés de la situation actuelle. Leur raison d'être n'a pas disparu et la profession a toujours besoin d'eux, mais s'ils veulent survivre en face de la compétition toujours plus vive des meilleurs vignerons et des courtiers qui travaillent pour eux sur le marché international, ils doivent jouer leur rôle à la perfection. La principale difficulté à laquelle se heurtent les marchands est que les sources de leurs meilleurs vins se sont taries. Il leur sera de plus en plus difficile de s'assurer le contrôle de bons vins et quand ils en trouveront, ils devront le payer beaucoup plus cher qu'auparavant. Sur le plan de la qualité, le consommateur devrait bénéficier de cette évolution. Sans doute le prix de ses vins augmentera-t-il, mais ce sera le prix à payer pour la résurrection du Bourgogne authentique montrant sa vraie personnalité.

LE COURTIER, ÉMINENCE GRISE

Le courtier continue à jouer le rôle effacé qui a toujours été le sien. Il ne peut être efficace que s'il connaît personnellement tous les vignerons, aussi petits soient-ils, de la région où il exerce son métier. Il n'est donc pas surprenant que ce soient des hommes du pays et que les fils succèdent à leur père, génération après génération. Leur travail consiste à mettre en relation des vignerons et des négociants entre lesquels il existe des affinités. Le courtier doit connaître parfaitement tous les viticulteurs et le caractère de leurs vins, comme il connaît les besoins de chaque négociant. Ainsi, si un négociant de Beaune cherche 20 hectolitres d'un Bourgogne rouge destiné à un assemblage d'un style donné, le rôle du courtier sera de le trouver pour lui. Certains courtiers se chargent maintenant de vendre des vins à l'étranger. Leur rôle prend de plus en plus d'importance, au fur et à mesure que des vignerons de plus en plus nombreux embouteillent eux-mêmes et décident de se passer totalement des négociants.

Le courtier possède une grande expérience et fait preuve d'un certain détachement. Si le vigneron est trop absorbé par ses problèmes et que le négociant veut les ignorer, le courtier peut rester objectif et les aider à s'accorder sans offenser l'un ou l'autre. La méfiance mutuelle entre le vigneron et le négociant, qui va sans doute se perpétuer, souligne l'utilité du courtier qui est l'éminence grise du commerce vinicole.

Domaines du Chateau de Beaune

LE CORTON
APPELLATION CORTON CONTRÔLÉE
GRAND CRU
1982   PRODUIT DE FRANCE

Mise de Maison Bouchard Père & Fils, Négociant au Château, Beaune (Côte d'Or)

750 ml e   ROUALET – BEAUNE

Joseph Drouhin

Beaune
APPELLATION BEAUNE CONTRÔLÉE
Clos des Mouches

RÉCOLTE DU DOMAINE
MIS EN BOUTEILLE PAR
JOSEPH DROUHIN
A BEAUNE, COTE-D'OR, AUX CELLIERS DES
ROIS DE FRANCE ET DES DUCS DE BOURGOGNE
FRANCE   75 cl

SOCIÉTÉ CIVILE DU DOMAINE DE LA ROMANÉE-CONTI
PROPRIÉTAIRE A VOSNE-ROMANÉE (COTE-D'OR) FRANCE

ROMANÉE-CONTI
APPELLATION ROMANÉE-CONTI CONTROLÉE

5.443 Bouteilles Récoltées

N° 00000   LES ASSOCIÉS-GÉRANTS
ANNÉE 1985   *M. Leroy Bize*
   A. de Villaine

Mise en bouteille au domaine
PRODUIT OF FRANCE   75 cl

1972

Corton
Renardes
Mise du Domaine - Appellation Contrôlée

73 cl.   ## Prince de Merode
Serrigny. (Côte-d'Or).

RICHEBOURG
APPELLATION CONTROLÉE

Mis en bouteille par

Henri Jayer
VITICULTEUR A VOSNE-ROMANÉE (COTE-D'OR)

750 ml

GUIDE
DE
L'ACHETEUR

*En Bourgogne, comme dans le Sauternais,
les étiquettes des flacons les plus prestigieux
sont parfois les plus sobres.*

Mis en bouteille au Domaine

CHAMBERTIN
Appellation 1983 Contrôlée

Domaine A. Rousseau P. & F.
Propriétaire
Gevrey-Chambertin
(Côte d'Or)

PRODUCE OF FRANCE

Château de Lacarelle
BEAUJOLAIS-VILLAGES
APPELLATION BEAUJOLAIS-VILLAGES CONTROLÉE

Comte Durieu de Lacarelle
PROPRIÉTAIRE à SAINT-ÉTIENNE-DES-OULLIÈRES · RHÔN
MIS EN BOUTEILLE AU CHATEAU
Distribué par Jacques Dépagneux à Villefranche (Rhône)

GRANDS VINS DE BOURGOGNE

ESTATE BOTTLED   MIS EN BOUTEILLE
À LA PROPRIÉTÉ

GIVRY
LES BOIS-CHEVAUX
APPELLATION GIVRY CONTROLÉE

75 cl

DOMAINE THENARD
PROPRIÉTAIRE-RÉCOLTANT À GIVRY, SAONE-ET-LOIRE, FRANCE

OÙ ET COMMENT ACHETER ?

On peut faire ses courses chez le marchand de fruits et légumes du coin de la rue sans craindre une déception grave. C'est la même chose pour un paquet de lessive ou un poisson surgelé au supermarché du quartier, dont le personnel n'est pas là pour orienter le client. L'achat d'un vin d'appellation contrôlée est une autre affaire car chaque bouteille est plus ou moins un pari et, notamment pour le Bourgogne rouge, l'enjeu est loin d'être négligeable. Dans ce cas, il peut être rentable de demander conseil à quelqu'un de qualifié.

TROIS SOURCES DE BOURGOGNE

Supermarché : les grandes chaînes de magasins ont une importance grandissante dans la distribution du vin. Leur rôle est de vendre plutôt du vin pour la consommation quotidienne que du vin à encaver, du vin de pays ou du vin nouveau plutôt que des Bordeaux ou des Bourgogne prestigieux. Si vous aviez l'intention d'acheter des vins de la Côte d'Or dans un supermarché, je vous recommanderais d'être très circonspect, à moins que vous ne soyez certain de la bonne réputation du négociant ou du vigneron. En revanche, vous n'avez pas d'inquiétude à avoir avec le Beaujolais : c'est un vin robuste, capable de supporter les vicissitudes du magasinage et de l'exposition dans un supermarché. Un grand vin de Pinot Noir préfère la tranquillité d'une cave bien fraîche aux trépidations et à la chaleur auxquelles il est soumis dans le chariot d'un supermarché un vendredi soir.

Marchand de vin : la qualité des vins proposés et des conseils offerts varie beaucoup d'un détaillant à l'autre. La meilleure manière de l'évaluer est de poser des questions : si les réponses vous montrent que vous avez affaire à un connaisseur et qu'il vous paraît aimer son métier, prenez le risque d'acheter une boutille ou deux pour le mettre à l'épreuve. L'ignorance ou l'indifférence n'inspirent pas confiance. Après tout, l'intérêt du commerçant est de satisfaire le client pour s'assurer de sa fidélité. Si vous en trouvez un qui soit capable de faire la différence entre le vin standard et celui qui a du caractère, et qui sache vous conseiller honnêtement, ce sera la meilleure source de vin de

qualité à un prix raisonnable. Les mêmes principes guideront vos achats par correspondance.

Vigneron : il faut encourager les oenophiles à se rendre dans le vignoble pour déguster et échanger des impressions avec les vignerons. Ce n'est pourtant pas le moyen le plus sûr de faire des affaires miraculeuses, car la comparaison avec les vins des autres producteurs n'est pas possible et le choix est limité, mais rien ne remplace le plaisir de boire un vin après avoir découvert son lieu de naissance et fait la connaissance de celui qui l'a élaboré. Une expérience de ce genre est particulièrement enrichissante en Bourgogne où les petits vignerons à la personnalité bien marquée abondent et où les caves sont beaucoup moins éloignées les unes des autres que dans toutes les autres grandes régions vinicoles du monde.

Une mise en garde est néanmoins indispensable : tous les vignerons ne sont pas aussi honnêtes et qualifiés qu'ils en ont l'air, quand vous êtes influencé par l'atomsphère de leur cave et que vous avez dégusté quelques verres en leur compagnie. Mon conseil serait de rendre visite à ceux dont vous avez déjà eu l'occasion d'apprécier les vins plutôt que de frapper à la porte de ceux dont le nom ne vous est pas familier (dans la seconde partie de ce guide, je vous indiquerai ceux que mon expérience m'a appris à apprécier). Vous aurez toujours avantage à prendre rendez-vous et n'oubliez pas que ce serait abuser de l'hospitalité du vigneron que de rester chez lui plus d'une heure. En Bourgogne, la vocation du propriétaire d'un domaine n'est pas d'être un vendeur. Il est avant tout un vigneron et s'il fait beau, il préférerait certainement travailler dans son vignoble plutôt que d'être retenu dans sa cave par un inconnu auquel il se croit obligé d'offrir à boire.

PRINCIPES D'ACHAT

J'ai décrit plus haut les problèmes auxquels est confronté le producteur de Bourgogne rouge dans l'espoir de vous permettre de mieux déjouer les pièges d'un achat qui est toujours délicat. Je vais maintenant examiner comment éviter des erreurs qui – Beaujolais mis à part – peuvent coûter cher. Peut-être ai-je donné jusqu'ici l'impression qu'acheter du Bourgogne est aussi dangereux que de traverser un champ de mines. La bonne nouvelle est que des expéditions de déminage formées par des auteurs et des journalistes spécialisés ainsi que par des acheteurs ont sillonné le terrain ces dernières années. Il est relativement facile aujourd'hui d'identifier de bons Bourgogne rouges, mais en obtenir et les payer un prix raisonnable l'est moins. La situation s'est améliorée car, ayant brisé les chaînes qui les retenaient prisonniers du négoce, les vignerons ont énormément amélioré la qualité de leurs vins.

La mauvaise nouvelle est que les prix vont encore grimper car la demande va vraisemblablement continuer à excéder l'offre et de beaucoup. Le consommateur ne doit jamais oublier que l'on produit, en moyenne, douze fois moins de vin rouge en Côte d'Or que dans le Bordelais. Même les années prolifiques, le Bourgogne rouge restera une denrée rare. Tout ce que l'oenophile peut espérer, c'est que le contenu de la bouteille en justifie le prix. Il y a un signe encourageant : on peut maintenant rendre visite à une douzaine de producteurs de la région sans risquer d'être déçu. La Côte d'Or devrait concentrer ses efforts sur le vin de grande qualité. Il ne manque pas d'autres régions où l'on produit de bons vins pour ceux dont la bourse n'est pas suffisamment garnie.

Voici quelques règles que vous auriez avantage à suivre :

Règle 1 : goûtez avant d'acheter. Même si vous devez payer pour ce faire, vous seriez bien inspiré de déguster un Bourgogne rouge avant d'en acheter. C'est un des domaines où le Bourgogne présente moins de problèmes que le Bordeaux rouge, car il est plus facile d'en apprécier les qualités quand il est encore très jeune. S'il est peu séduisant en fût, il y a peu de chances pour qu'il le soit davantage en bouteille. Les Bourgogne de presque tous les millésimes ignorent l'âge ingrat que traversent la plupart des Bordeaux (les millésimes 1976 et 1983 sont l'exception qui confirme la règle, pour la bonne raison qu'ils ont une structure tannique plus typique des Bordeaux que des Bourgogne).

Par conséquent, même l'amateur peut suivre les conseils de ses sens. Il apprendra vite à reconnaître les arômes et les goûts floraux du véritable Pinot Noir et n'hésitera pas à acheter quand il les trouvera particulièrement exubérants.

Règle 2 : méfiez-vous des bonnes occasions. On ne répétera jamais assez qu'il n'y a pas suffisamment de bon Bourgogne rouge pour satisfaire la demande. Il s'ensuit qu'un bon vigneron n'a jamais besoin de brader son vin. En procédant à des comparaisons, déterminez quel est le prix normal pour une appellation donnée et ne vous laissez pas tenter à dépenser moins : vous seriez assurément déçu. Les seules occasions de faire une bonne affaire sont de rechercher les vins de vignerons réputés d'un millésime qui ne le soit pas, ceux des appellations moins connues ou même des bouteilles portant un prix inexact. Mais découvrez-les vous-même, car tout Bourgogne offert en « promotion » suscitera votre méfiance.

Règle 3 : recherchez des vignerons dignes de confiance. En suivant les conseils de votre marchand, en dépouillant les magazines spécialisés et en étudiant attentivement les guides, notamment celui-ci, dressez une liste de vignerons dont la réputation est sans tache. Les vignobles, les millésimes et même les prix vous en apprendront moins sur la qualité que le nom du vigneron. Vous ne serez pas à l'abri de bouteilles décevantes, mais vous réduirez les risques.

Règle 4 : préférez la mise en bouteilles au domaine. D'une manière générale, les vignerons sont davantage incités à élaborer de grands vins quand ils les embouteillent et les commercialisent eux-mêmes. De nombreux négociants sont dignes de confiance, mais la même règle s'applique à eux : les vins de leurs propres vignobles sont meilleurs tandis que leurs vins d'appellations communales (*voir* pages 30 et 31) manquent souvent de personnalité et reflètent davantage le style de la maison que le caractère du terroir. Les vins de négociants ne sont pas moins chers que ceux des vignerons et c'est même souvent l'inverse. Choisir d'autres vins que les meilleurs ne permet donc pas de faire des économies.

Les vins dont l'étiquette porte la mention *mise en bouteilles au domaine* ont été embouteillés par le producteur lui-même. En Bourgogne, les termes *château* ou *cave* n'ont généralement pas de signification. Préférez les mentions suivantes : *vigneron, viticulteur* ou *propriétaire-récolant*.

Pour résumer : fiez-vous d'abord à vos impressions de dégustation et ensuite à la réputation du producteur. Rien ne vaut, dans cet ordre, l'expérience personnelle, la connaissance du vigneron, du vignoble et du millésime.

LECTURE DE L'ÉTIQUETTE

Le rôle de l'étiquette est de permettre au consommateur d'identifier le vin. Elle devrait aussi être une garantie pour le producteur comme pour le consommateur, malheureusement cet objectif est impossible à atteindre car on n'a pas inventé de législation capable de garantir de manière absolue l'origine et la qualité. D'ailleurs, l'appréciation de celle-ci ne peut être que subjective. Le vin ne pouvant être défini légalement avec suffisamment de précision, sa production n'est pas à l'abri de la fraude. Au-delà du respect de la législation, la meilleure garantie est fournie par le talent et l'honnêteté du vigneron.

La législation de l'appellation d'origine contrôlée a été établie pour protéger la réputation des meilleurs vignobles et mettre fin à une fraude généralisée préjudiciable aux producteurs comme aux consommateurs. Bien qu'elle ne soit pas parfaite, elle a bien rempli son rôle. Toutefois, la mention « appellation contrôlée » sur l'étiquette n'est pas en soi une garantie absolue de qualité.

L'appellation contrôlée définit notamment l'aire de production (c'est-à-dire que seuls les terroirs propices à la production de vin de qualité ont été retenus) ; les cépages autorisés et dans quelle proportion ; l'âge minimum des vignes ; le rendement maximum ; le titre alcoométrique naturel minimum, c'est-à-dire la richesse saccharine minimum du moût ; l'importance de la chaptalisation ; le titre alcoométrique total maximum, c'est-à-dire la richesse alcoolique du vin après chaptalisation ; les pratiques viticoles et les techniques oenologiques. De plus, les vins ne peuvent être expédiés qu'après avoir été analysés par un laboratoire agréé et soumis à une commission de dégustation. Après cela, il ne reste plus au consommateur qu'à décider lui-même si le vin lui convient ou pas.

Les appellations se répartissent en cinq catégories : les appellations génériques, ou régionales (par exemple Bourgogne) ; les appellations régionales restreintes (Beaujolais, Côte de Beaune-Villages) ; les appellations communales (Gevrey-Chambertin, Nuits-Saint-Georges,) et les crus du Beaujolais (Chénas) ; les appellations communales Premiers Crus (Nuits-Saint-Georges Les Vaucrains) ; les appellations communales Grands Crus (Chambertin, Corton-Bressandes).

APPELLATIONS GÉNÉRIQUES

Elles se situent en bas de l'échelle et s'appliquent à des vins produits dans toute la Bourgogne. On en compte trois pour les rouges :

Bourgogne Grand Ordinaire Cépages autorisés : Pinot Noir et Gamay (César et, en théorie, Tressot dans l'Yonne) ; rendement de base : 60 hl/ha ; titre alcoométrique minimum : 9 %. Ces vins ne vous apporteront pas grande satisfaction.

Cette étiquette de Volnay indique qu'il s'agit d'un Premier Cru mis en bouteilles au domaine et la mention monopole *signifie que le vignoble appartient à un unique propriétaire.*

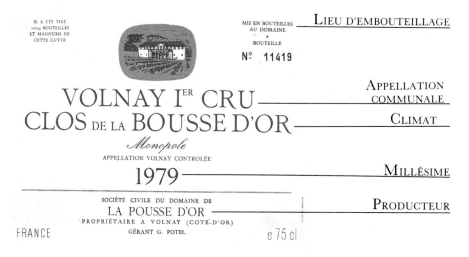

IL A ÉTÉ TIRÉ
1024 BOUTEILLES
ET MAGNUMS DE
CETTE CUVÉE

MIS EN BOUTEILLES
AU DOMAINE
•
BOUTEILLE
N° 11419

LIEU D'EMBOUTEILLAGE

VOLNAY Iᵉʳ CRU
CLOS DE LA BOUSSE D'OR
Monopole
APPELLATION VOLNAY CONTRÔLÉE
1979

APPELLATION
COMMUNALE

CLIMAT

MILLÉSIME

SOCIÉTÉ CIVILE DU DOMAINE DE
LA POUSSE D'OR
PROPRIÉTAIRE A VOLNAY (CÔTE-D'OR)
GÉRANT G. POTEL

FRANCE

e 75 cl

PRODUCTEUR

Bourgogne Passetoutgrain Cépages autorisés : pas plus de deux tiers de Gamay et pas moins d'un tiers de Pinot Noir dans la cuve de vinification ; rendement de base : 55 hl/ha ; titre alcoométrique minimum : 9,5 %. Élaboré par un bon vigneron, ce vin peut être une agréable surprise à un prix raisonnable.

Bourgogne Cépages autorisés : Pinot Noir, Gamay dans le Mâconnais et le Beaujolais, César et, en théorie, Tressot dans l'Yonne ; rendement de base : 55 hl/ha ; titre alcoométrique minimum : 10 %. A choisir avec discernement selon l'origine.

APPELLATIONS RÉGIONALES RESTREINTES

Les aires d'appellations sont plus limitées, mais s'étendent à un grand nombre de communes, parfois dispersées. Les appellations suivantes sont données à titre d'exemple :

Beaujolais
Beaujolais-Villages
Mâcon
Côte de Beaune-Villages
Bourgogne Hautes-Côtes de Nuits.

APPELLATIONS COMMUNALES

L'aire de chaque appellation est généralement limitée à une seule commune, mais elle déborde parfois sur les communes voisines. Les vins de cette catégorie sont plus typés que ceux des catégories précédentes, mais ne vous attendez toutefois pas à de très grands vins car, en Côte d'Or, ils ne sont pas issus des meilleurs climats (en Bourgogne, on désigne ainsi des parcelles déterminées du vignobles). Ces vins sont à peine moins chers que les Premiers Crus, nettement meilleurs. Quand ils viennent d'un seul climat, celui-ci peut être mentionné sur l'étiquette (Vosne-Romanée Les Chaumes), mais en plus petits caractères que le nom de l'appellation, afin d'éviter toute confusion avec les Premiers Crus. Ces vins ne sont généralement pas supérieurs aux vins de la même appellation sans mention de climat.

PREMIERS CRUS

Les vins d'une appellation communale Premier Cru sont issus d'un seul climat de grande qualité. L'étiquette ne porte pas nécessairement les mots « Premier Cru », mais le nom du climat est écrit avec des caractères de même dimension que ceux de l'appellation. Même les Premiers Crus peuvent être décevants. C'est dans cette catégorie que la valeur du vigneron prend une importance capitale pour l'acheteur.

GRANDS CRUS

Les appellations communales Grand Cru se situent au sommet de la hiérarchie des Bourgogne et les prix pratiqués sont en rapport. La qualité du millésime et le talent du vinificateur détermineront si la confiance de l'acheteur est justifiée et s'il a dépensé son argent avec discernement. A ce niveau, l'étiquette ne porte plus le nom de l'appellation communale : seul celui du cru subsiste (Richebourg AOC, alors que Richebourg est le nom d'un climat de la commune de Vosne-Romanée). Ainsi, les plus grands vins de Bourgogne portent le nom du vignoble et non celui de la commune, prouvant que la base de l'appellation contrôlée est bien le terroir.

Ce cru du beaujolais a été vinifié par son propriétaire, mais mis en bouteilles ailleurs qu'au domaine. Le nom du vigneron et celui de l'embouteilleur figurent donc sur l'étiquette. Le millésime sera sur la collerette.

LES MILLÉSIMES

Il est aussi hasardeux de risquer, tant il y a d'exceptions, des généralisations sur la qualité relative des millésimes de Bourgogne que sur celle des différentes appellations communales. Nous avons vu que le talent du vigneron est le facteur crucial. La faculté d'adapter ses techniques de vinification aux conditions climatiques est ce qui distingue le grand vinificateur de celui qui est simplement compétent. En effet, le climat bourguignon est imprévisible et très diversifié. La seule chose dont on soit certain est que le mûrissement du raisin est aléatoire. Le vignoble est menacé par les gelées printanières, le mauvais temps au moment de la floraison, les orages de grêle aux conséquences catastrophiques, les étés humides provoquant la pourriture grise. Tout vigneron peut en être victime, même quand le millésime est proclamé excellent.

Un autre problème qui rend délicate l'appréciation des millésimes est l'impossibilité de tenir compte du goût personnel du lecteur. Comme celui des différentes appellations, le style des millésimes varie. Certains sont légers et élégants, d'autres puissants et denses. L'âge du vin est aussi un facteur : les merveilleux arômes de fruit du Pinot Noir, très souples, sont exubérants dans les vins jeunes, mais ils évoluent avec le temps et sont graduellement remplacés par un bouquet de gibier faisandé et de cour de ferme. Dans un domaine où l'habileté de l'un et le goût de l'autre sont tout, il est inévitablement peu satisfaisant de porter des jugements tranchés et sans réserve sur la qualité relative des millésimes.

Une chose est néanmoins indiscutable : la proportion des millésimes réussis est largement inférieure pour le Bourgogne rouge à celle du Bordeaux rouge.

1987 Au moment où ce texte a été rédigé, on pouvait prévoir un millésime peu généreux de vins probablement corrects, sans plus.

1986 Une vendange abondante a fait craindre une certaine dilution du caractère des vins, comme ce fut le cas en 1973. Dans les faits, il semble bien que les meilleurs vignerons aient réussi quelques excellents vins, supérieurs à ceux de 1984, mais n'atteignant pas la classe de ceux de 1985, qui est un millésime exceptionnel. Ils pourraient finir par ressembler aux 1979.

Le Beaujolais a aussi bénéficié d'une vendange abondante, mais de nombreux vins paraissent moins précoces qu'à l'accoutumée. Ceux qui préfèrent les crus (Fleurie, Morgon, etc.), possédant concentration et longévité, ont avantage à en rester aux 1985, mieux équilibrés.

1985 Les vins de la Côte d'Or montrent toutes les qualités d'un grand millésime. Ils sont délicieusement fruités, pleins de charme, possèdent une bonne concentration et une bonne structure, sans prédominance acide ou tannique. Leur équilibre est superbe. Les Bourgogne rouges 1985 paraissent au moins aussi bons que les 1978. Statistiquement, il est peu probable que la région bénéficie d'un autre millésime de cette qualité pendant cette décennie. Par conséquent, cela vaut la peine d'encaver les meilleurs vins. Ils vieilliront bien, mais il est peu probable qu'ils aient la même longévité que les meilleurs 1983.

Les Beaujolais sont également excellents, mais la plupart ont sans doute déjà été bus. Si on leur en donne l'occasion, plusieurs des crus pourraient probablement tenir une décennie.

1984 Ce millésime ne mérite pas d'éloges, même si les meilleurs vins sont élégamment fruités, quoique minces. Les autres sont franchement médiocres, car le temps fut trop humide et froid aux moments critiques. Au moins, le raisin ne fut-il pas atteint par la pourriture grise : il faisait trop froid pour cela. La richesse saccharine étant insuffisante, de nombreux vins ont été chaptalisés à l'excès. De manière générale, il paraît judicieux de boire les vins de ce millésime pendant qu'ils sont encore jeunes, avant que leur fruit fragile n'ait complètement disparu.

La qualité des Beaujolais fut incontestablement déplorable.

1983 De grands Bourgogne rouges ont certainement été élaborés cette année-là, mais ils ne se font que lentement : il faudra donc les attendre une décennie ou davantage. Malheureusement, une sévère mise en garde est de rigueur, car de nombreux vignobles souffrirent de la pourriture grise, particulièrement dans le nord de la côte de Nuits, où de nombreux vins sont très décevants. Ce millésime exigeait une vendange particulièrement soigneuse et un tri sévère du raisin le plus sain. La structure des 1983 rappelle celle des 1976, mais les meilleurs ont probablement davantage de fruit.

Excellent millésime pour le Beaujolais, dont les meilleurs crus auront une belle longévité.

1982 Vendange particulièrement abondante ayant entraîné la dilution de nombreux vins qui manquent donc de concentration et de couleur. Le raisin était parfaitement mûr et généralement sain. Peu de vins bénéficieront d'une longue garde et la plupart ont déjà atteint leur apogée ou en sont proches. De nombreux vins. séduisants et sans complexité, sont agréable à boire maintenant.

Même manque de concentration dans le Beaujolais, dont il ne faut pas faire attendre les crus.

1981 Une vendange minuscule explique pourquoi peu de vins de ce millésime sont disponibles. D'une manière générale, ils manquent de charme, mais il y a quelques exceptions où le raisin ne souffrit pas des conséquences de la grêle et resta sain.

Les Beaujolais furent meilleurs, mais tous ont atteint ou dépassé leur apogée.

1980 Jugé à l'époque déplorable, par au moins un des négociants les plus prestigieux, ce millésime a depuis été réhabilité. Dans la Côte de Nuits, de nombreux vignerons ont élaboré des vins au moins aussi bons que leurs 1979. Les résultats de la Côte de Beaune furent moins bons, même pour les blancs, ce qui est inhabituel.

Millésime très mince pour le Beaujolais, dont tous les vins auraient déjà dû être bus.

1979 Millésime prolifique et satisfaisant, mais pas de grands vins. L'acidité fut trop faible pour permettre la longévité. La plupart des vins ont atteint leur apogée après six ans de bouteille.

1978 Grand millésime ayant donné des vins avec un excellent fruit, une acidité et un tanin bien équilibrés. Les bons vignerons ont su mettre en valeur le caractère de chaque appellation communale et leurs vins devraient très bien vieillir.

1977 Le plus mauvais millésime de la décennie examinée ici. Il faut boire les 1977 avant que leur fruit ténu ait achevé de disparaître.

1976 Millésime atypique pour les Bourgogne rouges dont le style se rapproche de celui des Bordeaux avec, dans certains cas, un tanin massif. Pour de nombreux vins, on se demande s'il y a assez de fruit pour équilibrer le tanin qui s'assouplit avec l'âge. Un certain nombre de vins de ce millésime sont nettement déséquilibrés sur ce plan et un vieillissement prolongé ne pourrait qu'accentuer ce défaut. D'autres demandent encore de la patience et les meilleurs deviendront magnifiques. Les plus médiocres se caractérisent par un tanin trop sec et un fruit insuffisant. L'élégance n'est certainement pas une caractéristique de ce millésime irrégulier.

Parmi les millésimes précédents, **1972** fut sous-estimé, la forte acidité masquant l'équilibre potentiel. Bon millésime pour la Côte d'Or, **1971** fut marqué par le surmûrissement, mais a donné quelques vins voluptueux ; **1969** fut une grande année ; les meilleurs **1966** atteignent leur apogée ; ceux de **1959** sont riches et puissants.

Tastevin bourguignon traditionnel en argent, maintenant remplacé généralement par un simple verre à pied.

STRUCTURE DES PRIX

Quand on aborde l'univers fascinant du Bourgogne rouge, un bon rapport qualité/prix ne signifie jamais un vin bon marché. Un vin désagréable à boire sera toujours trop cher, quelqu'en soit le prix. En revanche, un prix qui pourrait paraître exorbitant se justifie si le vin apporte à celui qui le boit un plaisir exceptionnel. Dans les trois catégories de prix examinées ci-dessous (elles se chevauchent étant donné les disparités entre les appellations et les producteurs ou les négociants), l'amateur de Bourgogne recherchera les vins présentant le rapport qualité/prix le plus favorable.

PRIX MODÉRÉS (DE 20 A 60 F)
Aucun bon Bourgogne rouge authentique ne sera jamais bradé car, dans cette région, l'offre est toujours inférieure à la demande. Heureusement, il existe encore des vins de qualité à des prix relativement modérés. On les trouvera dans les appellations génériques ou régionales restreintes, Bourgogne, Bourgogne Passetoutgrain, Beaujolais et Beaujolais-Villages. Il s'y ajoutera les meilleurs Mâcon rouges et les moins chers des vins des Hautes-Côtes. Bourgogne Grand Ordinaire est une curieuse appellation en ce sens qu'elle associe grand et ordinaire, ce qui pourrait laisser entendre que l'on ne produit pas de vins médiocres en Bourgogne, alors que l'on sait trop bien que le contraire est vrai. Les vins de cette appellation, qui paraît condamnée à terme, sont nettement plus ordinaires que grands. Avant d'aborder l'examen de ces appellations, une mise en garde s'impose : il faut accueillir avec la plus grande méfiance toute offre de vins dont on prétend qu'il s'agit de vins d'appellation déclassés. La Bourgogne est une région où la surabondance de vins de qualité est rare. Cette pénurie a entraîné une forte augmentation des prix : c'est précisément la raison pour laquelle le point de départ de l'échelle des prix est placé plus haut que dans le Bordelais.

L'appellation générique Bourgogne peut entraîner certaines confusions, car le style des vins peut beaucoup varier selon qu'ils viennent du nord ou du sud de la région. Le Bourgogne d'un vigneron de Volnay sera un Pinot Noir, tandis que celui d'un vigneron de Fleurie sera un Gamay. Il est donc indispensable de s'assurer de l'origine véritable d'un vin de cette appellation et notamment de vérifier si l'adresse du vigneron ou du négociant est dans le Beaujolais. Si c'était le cas, on vous vendrait du Beaujolais qui pourrait bien n'être pas très bon. En revanche, certains Bourgogne rouges de la Côte d'Or présentent un excellent rapport qualité/prix.

Les vins de l'appellation générique Bourgogne Passetoutgrain sont issus d'un mélange de deux tiers de Gamay au plus et d'un tiers de Pinot Noir au moins. Si vous avez de la chance, la proportion de Pinot Noir sera considérablement plus élevée, surtout dans une année prolifique. Le Bourgogne rouge ou le Bourgogne Passetoutgrain d'un petit vigneron sérieux peuvent être une excellente affaire : il possède peut-être quelques vieilles vignes bien situées ne bénéficiant toutefois pas de l'appellation communale parce qu'elles sont du mauvais côté de la route ou alors, dans le vignoble de l'appellation, des vignes trop jeunes pour y avoir droit, mais qui ont déjà le caractère du terroir, même si elles n'en ont pas la concentration. A l'inverse, le Bourgogne rouge et le Bourgogne Passetoutgrain peuvent être sans personnalité, venant de chez un important négociant, ou produits par un vigneron prestigieux s'intéressant davantage à ses crus qu'aux vins des appellations génériques (qui seront de toute façon trop chers étant donné la réputation du producteur). Le bon conseil est, comme toujours, de vous adresser à un producteur en qui vous avez confiance et de lui demander de goûter ses vins les moins chers.

Les vins des appellations Bourgogne Irancy, Bourgogne Hautes-Côtes de Nuits et Bourgogne Haute-Côte de Beaune, pour autant qu'ils soient d'un bon millésime, méritent votre attention. Les mauvaises années, ils peuvent être très décevants. Quant au meilleur Beaujolais tout court, une grande partie de sa production est maintenant vendue comme Beaujolais nouveau. Le marché étant très compétitif, on peut trouver des vins buvables, surtout les bonnes années, à un prix relativement raisonnable.

Prix moyens (de 40 à 90 F)

Si vous désirez un vin de la Côte d'Or possédant une personnalité réelle, il faut aborder les appellations communales en vous adressant, si possible, à un producteur dont vous aimez le style et qui jouit d'une bonne réputation. Il n'est pas nécessaire de choisir une des appellations les plus connues. Au contraire, il y a certaines raisons de les éviter. Rappelez-vous que même un vin médiocre se vendra facilement si c'est un Gevrey-Chambertin ou Nuits-Saints-Georges, alors que le vigneron élaborant du Saint-Aubin ou du Monthelie cherchera à convaincre l'acheteur par la qualité de son vin et un prix se comparant favorablement avec celui de ses voisins plus célèbres.

Il est juste encore possible, au moment où j'écris ces lignes, de se procurer un excellent Bourgogne rouge ayant de la personnalité, issu d'un seul climat, sans dépenser plus de 80 F par bouteille. Il pourrait s'agir, à la rigueur, d'un vin d'une commune prestigieuse comme Gevrey-Chambertin ou Volnay, mais vous trouverez un meilleur terrain de chasse dans des communes moins connues. Cela vaut la peine de rechercher les meilleurs vins d'appellations comme Santenay (Comme), Saint-Aubin (La Chatenière), Auxey-Duresses, Monthelie et Pernand-Vergelesses, qui font toutes partie de la Côte de Beaune. Toutes les communes de la Côte de Nuits, sauf Fixin et Marsannay-la Côte, ayant acquis une plus grande renommée, pratiquent des prix plus élevés.

Malheureusement, les vignerons des meilleures communes choisissent souvent de vendre leurs vins sous l'appellation régionale restreinte plus commerciale de Côte de Beaune-Villages ou Côte de Nuits-Villages. Il en résulte souvent des vins d'assemblage sans caractère.

Presque tous les vins de la Côte Chalonnaise trouvent facilement leur place ici. Aucun n'est au niveau des meilleurs de la Côte d'Or, mais nombreux sont ceux qui se comparent favorablement, pour la qualité comme pour le prix, avec ceux de ses communes les moins connues. Mercurey et Givry, notamment, ne devraient pas vous décevoir.

Le Beaujolais, bien qu'il ne puisse prétendre produire de grands vins, a beaucoup à offrir dans cette catégorie, à des prix qui ne sont jamais exorbitants. Vous vous intéresserez aux Beaujolais-Villages et aux crus. Parmi ces derniers, le Fleurie est le plus en vogue et ne présente donc pas le meilleur rapport qualité/prix. Vous aurez intérêt à vous tourner plutôt vers le Morgon ou le Chénas. Malheureusement, les nuances entre les communes sont souvent gommées par les gros négociants et ceux qui sont fixés hors de la région, à Beaune par exemple. Recherchez les bouteilles dont l'étiquette porte une adresse du Beaujolais.

Prix élevés (80 F et plus)

Mon premier conseil pour les vins de cette catégorie sera encore une mise en garde. Dans le cas du Bourgogne rouge, un prix très élevé ne garantit aucunement une qualité irréprochable : il arrive trop souvent qu'une bouteille très chère soit décevante.

Les seuls vins qui nous occupent ici sont ceux de la Côte de Nuits et, dans une moindre mesure, de la Côte de Beaune. D'une manière générale, il est exact que, dans les appellations communales de la Côte d'Or, le prix plus élevé des vins issus d'un climat donné se justifie. Pour quelques dizaines de francs de plus par bouteille, vous pourrez obtenir un Premier Cru, qui possédera des arômes et des goûts propres au terroir encore plus marqués. Le passage de Premier Cru à Grand Cru pèsera lourd sur votre budget : avec un tel vin, on pénètre dans un domaine réservé aux gens très riches ou aux œnophiles vraiment passionnés. Objectivement une différence de prix est légitime, mais l'appréciation de son importance ne peut être que subjective : chacun doit décider pour son propre compte. La rareté indiscutable des Bourgogne Grand Cru élève inévitablement leur prix au niveau de celui des plus grands Crus Classés du Bordelais. Si l'on considère que, par exemple, le vignoble du Richebourg ne compte que 8 ha, celui de la Romanée-Conti 1,8 ha alors que celui du Château Lafite-Rothschild atteint 90 ha, on est en droit de penser que le prix des Bourgogne Grand Cru n'est pas aussi exorbitant qu'il y paraît à première vue.

En résumé, il y a deux manières d'aborder le problème de l'achat du Bourgogne, selon que votre portefeuille est rebondi ou pas. Si vous n'avez pas besoin de compter, faites votre choix parmi les Grands Crus et les meilleurs Premiers Crus des vignerons les plus réputés des communes prestigieuses. Si vos ressources sont limitées, recherchez les vins des communes moins connues : vous payerez moins pour l'étiquette et profiterez d'une situation qui ne durera probablement pas.

À TRAVERS
LE
VIGNOBLE

Vignobles et villages bourguignons typiques sous une lumière hivernale diffuse. Les souches sont dénudées, mais la taille d'hiver et l'entretien du matériel suffisent à occuper pleinement les vignerons.

Dans les pages qui suivent, je vous propose d'explorer en ma compagnie le vignoble bourguignon commune par commune, du nord au sud. J'examinerai l'importance et le style de chaque commune, décrirai les principaux vignobles et vous donnerai des listes de vignerons qui sont, à mon avis, les meilleurs et qui m'inspirent confiance. Je n'ai pas la prétention d'avoir établi des listes complètes et parfaitement à jour car, dans le vignoble, la situation évolue constamment : les fils qui succèdent à leur père n'ont pas toujours le même talent et le même enthousiasme. Les astérisques indiquent les vignerons qui se sont signalés par une vinification exceptionnelle.

Hameau perdu dans le vignoble ensoleillé complanté en Gamay,
sur le chemin menant de Saint-Amour à Juliénas,
villages qui ont donné leur nom à deux des meilleurs crus du Beaujolais.

LES VIGNOBLES DE L'YONNE

Les vignobles de l'Yonne (patrie du Chablis) ne produisent que peu de vin rouge. Ils sont situés dans une enclave viticole à une centaine de kilomètres au nord-ouest de la Côte d'Or, non loin d'Auxerre. Si les Beaujolais, qui sont issus du Gamay, sont rattachés à la Bourgogne vinicole, cet honneur ne pouvait être refusé aux vins rouges de l'Yonne qui, eux, sont issus du noble Pinot Noir. Ils n'ont ni la concentration ni l'ampleur des vins élaborés plus au sud, car le vignoble ne jouit pas d'un climat aussi favorable, de plus il est planté sur des marnes kimméridgiennes calcaires convenant mieux au cépage blanc dont on fait le Chablis. Depuis quelques années, les vins d'Irancy et de Coulanges-la-Vineuse ont acquis une certaine réputation et la surface du vignoble a augmenté. Outre le Pinot Noir, deux cépages locaux sont autorisés : le premier est le César – il aurait été implanté par les légions romaines au Ier siècle ap. J.-C. – qui apporte au vin de la couleur, du tanin

et de l'acidité, tandis que le Pinot Noir, très léger sur ce sol, lui donne sa finesse ; le second est le Tressot qui, étant mauvais greffon, a presque totalement disparu après la catastrophe phylloxérique. Ces cépages sont vinifiés ensemble, avec une nette prédominance du Pinot Noir.

Irancy bénéficie de sa propre appellation Bourgogne Irancy depuis 1977. Les vins rouges produits ailleurs sont classés Bourgogne, toutefois ceux de Coulanges-la-Vineuse peuvent mentionner leur origine sur l'étiquette.

Bons vignerons de l'Yonne	
Léon Bienvenu, Irancy	André Martin,
Bernard Cantin, Irancy	Coulanges-la-Vineuse
Robert Colinot, Irancy	Jean Podor, Irancy
Roger Delaloge, Irancy	Luc Sorin, Irancy
Raymond Dupuis,	
Coulanges-la-Vineuse	

Le village d'Irancy, proche d'Auxerre est blotti au centre d'un amphithéâtre tapissé de vigne. Les vignobles de l'Yonne sont célèbres pour leur Chablis, mais on fait ici du vin rouge depuis vingt siècles.

LA CÔTE DE NUITS

LA CÔTE D'OR

La réputation de la Bourgogne vinicole est due à ce ruban de vignobles formant la Côte d'Or, qui est divisée en Côte de Nuits et Côte de Beaune. La première s'étend de Chenôve, aux portes de Dijon, à Corgoloin, une trentaine de kilomètres plus au sud. La seconde, un peu plus longue, lui fait suite de Ladoix-Serrigny à Cheilly-lès-Maranges, au sud-ouest de Santenay, dans le département de Saône-et-Loire.

On dit, en général, que les vins de la Côte de Beaune sont élégants, riches d'arômes et se font relativement vite, tandis que ceux de la Côte de Nuits, si l'on veut bien les attendre, sont plus riches et plus puissants. Dans le passé, les Bourguignons désignaient ceux de la Côte de Beaune comme vins de primeur et ceux de la Côte de Nuits comme vins de garde, ce qui signifiait alors que les premiers atteignaient leur apogée après quatre à cinq ans, les seconds après douze à quinze ans. Cette différence s'explique par la nature dissemblable des sols et les variations de l'exposition, mais il n'est pas difficile de trouver des exceptions à cette règle.

Le fait que l'on distingue cinquante-neuf types de sol différents dans la Côte de Nuits illustre bien la complexité des terroirs de la région.

MARSANNAY-LA-CÔTE

Au nord de la commune de Marsannay-la-Côte, les vignobles ont été submergés par l'urbanisme dijonnais au point que la Côte Dijonnaise, autrefois réputée, n'existe pour ainsi dire plus (à Chenôve, le Clos du Roy et le Clos du Chapitre donnent encore une petite quantité d'un vin respectable).

Jusqu'à la fin du XVIIIᵉ siècle, cette commune était réputée pour la qualité de son Pinot Noir. Ensuite, elle se consacra à la production de vin rouge ordinaire pour étancher la soif de la population croissante de Dijon (à cette époque, les moyens de transport ne permettaient l'expédition à grande distance que des vins les plus fins). Pour ce faire on planta du Gamay, cépage prolifique

donnant un vin à boire de suite, si bien que le Pinot Noir disparut complètement. Après la Grande Guerre, la production du Gamay souffrit de la concurrence des vins plus corpulents du Midi et d'Algérie. La plupart des producteurs de Marsannay, suivant l'exemple d'un vigneron éminent, Joseph Clair, revinrent au Pinot Noir, qu'ils vinifièrent en rosé de saignée. Une petite coopérative fut créée en 1929 (c'est une des rares de la Bourgogne du nord) et bientôt, la commune acquit la réputation de produire un des meilleurs rosés de France.

Le Domaine Clair-Daü est le plus important producteur de rosé. Le rouge venant des vignobles de coteaux peut aussi être excellent les bonnes années. De la même classe que les autres vins de la Côte de Nuits, il est digne de l'appellation communale Marsannay, qui a remplacé en 1987 celle de Bourgogne Marsannay (ou Bourgogne Marsannay-la-Côte) créée en 1965 après que les vignerons eussent lutté des années pour l'obtenir.

Bons vignerons de Marsannay	
André Bart	Domaine Clair-Daü*
René Bouvier	Jean Fournier*
Philippe Charlopin-Parizot*	Huguenot Père et Fils
Bruno Clair	Charles Quillardet
* Peut être une excellente affaire	

COUCHEY

Les vins de cette commune, rattachés jusqu'en 1987 à l'appellation Bourgogne Marsannay, sont vendus sous les appellations génériques. Son meilleur climat, Champs-Perdrix, déborde sur la commune de Fixin et est aussi bien situé que certains Premiers Crus de la Côte de Nuits. Ses vins bénéficient de l'appellation communale Fixin.

Bons vignerons de Couchey	
Clemancey Frères	Jean Tardy
Sirugue Père et Fils	

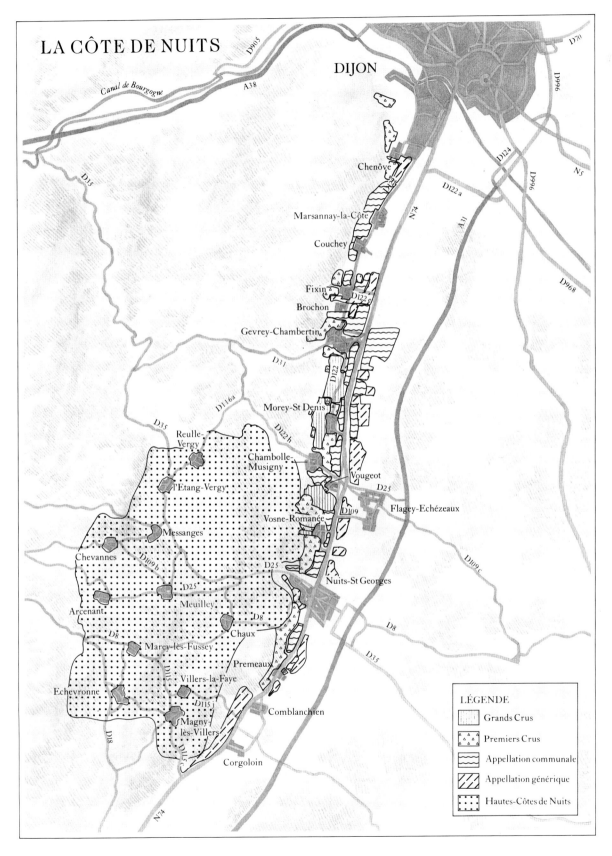

LA CÔTE DE NUITS

DIJON

Canal de Bourgogne

Chenôve

Marsannay-la-Côte

Couchey

Fixin

Brochon

Gevrey-Chambertin

Morey-St Denis

Reulle-Vergy

Chambolle-Musigny

l'Etang-Vergy

Vougeot

Flagey-Echézeaux

Vosne-Romanée

Messanges

Chevannes

Nuits-St Georges

Meuilley

Arcenant

Chaux

Marey-lès-Fussey

Premeaux

Villers-la-Faye

Echevronne

Comblanchien

Magny-lès-Villers

Corgoloin

LÉGENDE

Grands Crus

Premiers Crus

Appellation communale

Appellation générique

Hautes-Côtes de Nuits

FIXIN

Les vignerons de Fixin ont souvent trouvé plus opportun de vendre leurs vins sous l'appellation régionale restreinte Côtes de Nuits-Villages (*voir* page 49) plutôt que sous celle de Fixin dont ils bénéficient. D'autres communes de l'aire d'appellation Côtes de Nuits-Villages, comme Corgoloin et Comblanchien, n'ont droit qu'à celle-ci.

Le Fixin se caractérise davantage par la robustesse que par la finesse. C'est un vin étoffé, profondément coloré, qui possède un bouquet s'épanouissant avec l'âge et une structure tannique garante de longévité. La commune est à l'abri des excès du climat bourguignon : elle jouit d'un mé-

Le vignoble de Fixin, qui s'étend jusqu'au pied de l'église du village, donne des vins plus connus pour leur robustesse que leur finesse, mais ils peuvent ne pas manquer d'élégance.

soclimat si favorable que les plus vieux vignerons ne se souviennent que d'un seul orage de grêle dévastateur. Fixin est la moins connue des appellations communales de la Côte de Nuits, pourtant ses Premiers Crus soutiennent la comparaison avec certains Premiers Crus de Gevrey-Chambertin, et il faut rappeler qu'en 1855 le Clos de la Perrière se vendait aussi cher que le Chambertin – un Grand Cru. Aujourd'hui, on discute ferme pour décider lequel du Clos de la Perrière ou du Clos du Chapitre donne le plus grand vin. L'un et l'autre occupent les terroirs les plus élevés de la commune et ils ont le même sol calcaire brun-roux caillouteux. En revanche, les Premiers Crus Hervelets et les Arvelets sont sur une pente douce silico-calcare, et leurs vins sont nettement moins corpulents et plus fins. Aux Cheusots est presque plat et son Clos Napoléon est également plus léger que le Clos du Chapitre voisin.

Premiers Crus	
Les Arvelets	Hervelets
Aux Cheusots	Les Meix-Bas
(y compris le Clos Napoléon)	Clos de la Perrière
Clos du Chapitre	

Bons vignerons de Fixin	
André Bart	Pierre Gelin*
Vincent et Denis Berthaut	Philippe Joliet*
Bruno Clair	Domaine Mongeard-Mugneret*

GEVREY-CHAMBERTIN

Gevrey-Chambertin produit plus de vin qu'aucune autre commune de la Côte d'Or, bien qu'avec 592 ha, son vignoble soit moins grand que celui de la commune de Beaune. Ce simple fait devrait inciter l'acheteur à la prudence, car la surproduction est l'ennemie de la qualité. Il n'est donc pas étonnant que celle de nombreux vins de l'appellation laisse à désirer. Néanmoins, cette commune s'enorgueillit de posséder pas moins de 9 Grands Crus et 26 Premiers Crus dont certains, notamment le Clos Saint-Jacques, ont la stature d'un Grand Cru.

C'est la première des communes prestigieuses que l'on rencontre en quittant Dijon. Si celle de

Puligny-Montrachet est connue dans le monde entier grâce à un climat, le Montrachet, elle doit aussi sa gloire à un climat, le Chambertin. Dans la première, on proclame que le Montrachet est le plus grand vin blanc sec du monde, dans la seconde que le Chambertin est le plus grand vin rouge, ce qui est contesté, même dans la région. Il n'en reste pas moins que le Chambertin est la quintessence du Bourgogne rouge.

D'une manière générale, le Gevrey-Chambertin est profondément coloré, robuste et de longue garde. D'autres vins de la Côte de Nuits sont peut-être plus subtils, mais rares sont ceux qui soient aussi complets. Plusieurs auteurs de la région ont chanté le Chambertin. Camille Rodier a écrit qu'il possède au plus haut degré toutes les qualités qui caractérisent un vin parfait – corps, couleur, bouquet et finesse. Pour Gaston Roupnel, dont la tombe se trouve à Gevrey-Chambertin, il est aussi ferme et corpulent que le Corton, aussi délicat que le Musigny, aussi velouté qu'un Romanée et aussi parfumé qu'un Clos de Vougeot. C'est un vin qui exige de la patience car, en comparaison avec les autres vins de la Côte d'Or, il peut être très âpre si on le boit trop jeune.

GEVREY-CHAMBERTIN	
Grands Crus	**Meilleurs Premiers Crus**
Chambertin	Clos Saint-Jacques
Chambertin-Clos de Bèze	Clos des Varoilles (ou
Chapelle-Chambertin	Véroilles)
Charmes-Chambertin	Cazetier
Griotte-Chambertin	Champeaux
Latricières-Chambertin	Combe aux Moines
Mazis-Chambertin	Aux Combottes
Mazoyères-Chambertin	Lavaux-Saint-Jacques
Ruchottes-Chambertin	

Les deux premiers Grands Crus devraient former une classe à part, mais tous sont mémorables. Les deux Premiers Crus mentionnés valent de nombreux Grands Crus (il y a 25 Premiers crus en tout).

Tous les Grands Crus sont à flanc de coteau jusqu'à une altitude pouvant atteindre 300 m. Le sol est brun, cailouteux, crayeux et plus ou moins argileux, sur un socle sableux-calcaire. Celui de certains climats, notamment Griotte-Chambertin et Chapelle-Chambertin, est très mince et la roche apparaît ici et là. Mazoyères-Chambertin est planté sur du gravier proche de la roche et Ruchottes-Chambertin sur du calcaire oolithique. Les meilleurs Premiers Crus, Clos Saint-Jacques, les Varoilles et Cazetiers, se trouvent à la même altitude que le Chambertin, mais sont moins bien protégés par le bois qui couronne le coteau et exposés au vent froid qui descend dans la Combe de Lavaux. Dans cette commune, je conseille vivement de payer un peu plus cher pour obtenir un Premier Cru, qui sera notablement supérieur aux vins des climats non classés. Le Clos Saint-Jacques et Les Varoilles peuvent rivaliser avec certains Grands Crus. Le prix atteint par le vin d'Armand Rousseau en est la confirmation.

Le vignoble s'étend dans la plaine au-delà de la N 74 et même jusqu'à la voie de chemin de fer, mais le sol étant suffisamment pierreux pour assurer un bon drainage quoiqu'il soit plat, il est probable que les Gevrey-Chambertin médiocres sont le résultat d'un rendement trop poussé ou d'une mauvaise vinification.

Bons vignerons de Gevrey-Chambertin	
Domaine Drouhin	Joseph Roty
Domaine Drouhin-Laroze	Armand Rousseau*
Philippe Leclerc	Louis Trapet
Henri Magnien	Domaine des Varoilles
Bernard Maume	

MOREY-SAINT-DENIS

Cette commune, dont le vignoble compte un peu plus de 100 ha, est plus petite et moins célèbre que ses deux voisines, Gevrey-Chambertin et Chambolle-Musigny. Pourtant, la qualité de son terroir et de ses vignes n'a rien à leur envier.

Elle possède 5 Grands Crus et certains de ses 20 Premiers Crus sont particulièrement remarquables. Ses vins font la transition entre ceux de Gevrey et ceux de Chambolle : aux premiers, ils empruntent leur puissance et aux seconds leur finesse. Comme Gebrey-Chambertin, Aloxe-Corton, Puligny-Montrachet et d'autres, Morey a ajouté à son nom celui d'un de ses plus fameux climats, le Clos Saint-Denis. Il fut un temps où les gros négociants trouvaient plus rentable de vendre, en prenant des libertés avec la réglementation, une grande partie des vins de cette commune sous l'étiquette Gevrey-Chambertin ou Chambolle-Musigny. C'est pourquoi leur réputation a mis du temps à s'affirmer. Aujourd'hui encore, les Morey-Saint-Denis sont un peu moins chers.

Géologiquement, les coteaux de Morey-Saint-Denis sont semblables à ceux de Gevrey-Chambertin, avec un socle sableux-calcaire dans les climats des Grands Crus. Le sol calcaire du Clos de Tart et de la partie des Bonnes Mares située sur le territoire de la commune donne aux vins issus de ces climats un style austère. L'un et l'autre vieillissent très bien. Le Clos de la Roche et le Clos Saint-Denis bénéficient d'un emplacement bien protégé et donnent des vins rappelant le Chambertin, dont ils n'ont pas l'agressivité.

MOREY SAINT-DENIS	
Grands Crus	**Premiers Crus**
Bonnes Mares	Clos de la Bussière
Clos des Lambrays	Aux Charmes
Clos de la Roche	Clos des Ormes
Clos Saint-Denis	Les Ruchots
Clos de Tart	Clos Sorbés

Bons vignerons de Morey-Saint-Denis	
Domaine Arnaud Père et Fils	Georges Lignier*
Domaine Dujac*	Domaine Ponsot
Domaine des Lambrays	J. Truchot-Martin

CHAMBOLLE-MUSIGNY

La commune compte 223 ha de vignobles, soit largement moins de la moitié de ceux de Gevrey. Ses vins se caractérisent par leur grande délicatesse, leur nez persistant et leur bouche subtile. Son plus grand vin, le Musigny, est l'antithèse du Chambertin : le premier est soyeux, le second d'acier. La légèreté apparente des Chambolle-Musigny est trompeuse car leur équilibre parfait en fait des vins de garde. Leur puissance est masquée par leur charme délicat.

CHAMBOLLE-MUSIGNY	
Grands Crus	**Meilleurs Premiers Crus**
Bonnes Mares	Les Amoureuses
Le Musigny	Les Charmes

Bons vignerons de Chambolle-Musigny	
Bernard Amiot	Jacques-Frédéric Mugnier
Gaston Barthod-Noëllat	Georges Roumier
Domaine Clair-Daü	Bernard Serveau
Alain Hudelot-Noëllat	Domaine comte Georges
Daniel Moine-Hudelot	de Vogüé

Il faut chercher l'explication du caractère des Chambolle-Musigny dans la nature du sol, argilo-calcaire avec une forte prédominance du calcaire. La partie la plus haute du Musigny, blottie sous la crête, est formée d'oolithe blanc (on fait un peu de Musigny blanc) dans le haut du vignoble. Le climat est enrichi par un peu d'argile rouge dans le bas de la pente. L'autre Grand Cru de Chambolle-Musigny, les Bonnes Mares, couvre 15,5 ha, dont 2 ha sur la commune de Morey-Saint-Denis. Les Bonnes Mares de Chambolle-Musigny sont plus puissants que les Musigny, mais moins durs et plus éloignés du Chambertin que ceux de Gevrey. Les meilleurs des 23 Premiers Crus sont biens connus : ce sont les Amoureuses et les Charmes. Le premier est tenu pour plus élégant que le second, probablement parce qu'il est à plus haute altitude, juste en dessous du Musigny.

VOUGEOT

Vougeot, qui est la plus petite commune viticole de la Côte d'Or, est le microcosme de la Bourgogne viticole. Notoire pour la qualité variable de ses vins – notamment celle du Clos de Vougeot –, elle est la parfaite illustration des problèmes de la région. Le Clos de Vougeot compte pour plus de 80 % du vignoble de la commune. Plus de 70 propriétaires se partagent ses 50 ha et chacun vinifie à sa manière. Il s'y ajoute la diversité géologique du vignoble qui est formé d'une juxtaposition de parcelles différentes, dont certaines sont d'une qualité digne d'un Grand Cru et d'autres franchement médiocres. Seul le fait qu'il soit entouré de murs a préservé l'intégrité de ce clos, de loin le plus grand de la Bourgogne. S'agirait-il d'un clos monopole, les meilleurs vins seraient retenus et les autres déclassés, afin de protéger la réputation de ce Grand Cru. Malheureusement, le morcellement caractéristique du vignoble bourguignon exclut cette éventualité. On comprend mieux pourquoi la dégustation du Grand Cru le plus célèbre de Bourgogne est parfois décevante.

Nuages menaçants au-dessus du château et du vignoble du Clos de Vougeot.
Plus de soixante-dix propriétaires se partagent les cinquante hectares
de ce Grand Cru dont les vins sont de qualité très variable.

On peut classer les terrains du Clos de Vougeot en trois catégories. Celle du haut, la meilleure, repose sur un socle d'oolithe ; la couche superficielle rouge argilo-graveleuse est du type convenant admirablement à l'élaboration de grands vins. Celle du bas, composée de dépôts alluviaux profonds mal drainés est beaucoup moins favorable (le Clos de Vougeot, dans sa partie basse, est à une altitude inférieure à celle de tous les autres Grands Crus de la Côte d'Or et c'est le seul qui longe la N 74). Celle du milieu est composée de calcaire tendre avec une bonne proportion d'argile graveleux mieux drainé.

Étant donné la diversité des parcelles et des vinifications, il est encore plus nécessaire ici, qu'ailleurs en Côte d'Or, de s'assurer du talent du vigneron, sans oublier que le vin peut venir de plusieurs parcelles situées à des altitudes différentes (le Clos de Vougeot proposé par les négociants ne provient généralement pas des parcelles les mieux situées).

Il faut aussi prendre garde de ne pas confondre l'appellation communale Vougeot avec le Clos de Vougeot. Les Vougeot peuvent être des vins sans reproche majeur, mais leur qualité sera habituellement inférieure à celle des Chambolle-Musigny. Il existe aussi trois Premiers Crus rouges et l'on élabore une toute petite quantité de Vougeot et de Vougeot Premier Cru blancs.

VOUGEOT	
Grand Cru	**Premiers Crus**
Clos de Vougeot	Clos de la Perrière
	Les Cras
	Les Petits Vougeots

Bons vignerons de Vougeot	
Domaine Bertagna	Jean Gros*
Georges Clerget	Domaine Mongard-
Joseph Drouhin*	Mugneret*
Domaine Drouhin-Laroze	Domaine Daniel Rion

Vosne-Romanée et Flagey-Echézeaux

La commune de Flagey-Echézeaux, qui se trouve dans la plaine, à l'est de la N 74, ne dispose pas de sa propre appellation communale. Ses deux Grands Crus sont Echézeaux et Grands-Echézeaux, les autres vins étant vendus sous l'appellation Vosne-Romanée. Le Grand Cru Echézeaux atteint l'altitude exceptionnelle de 360 m et cependant, son sol est encore relativement riche et profond. Sa pente est plus marquée que celle du Grands-Echézeaux qui se trouve au-dessous de lui. On remarque une nette différence de style entre ces deux Grands Crus : l'Echézeaux est moins corpulent et plus élégant, le Grands-Echézeaux plus profond et plus long en bouche. Dans la pratique, le style de vinification prend le pas sur le climat.

La commune de Vosne-Romanée est le plus beau joyau de la Côte de Nuits. « Il n'existe pas de vin commun à Vosne » dit-on volontiers dans la région. Avec de tels vignobles, cela devrait certainement être le cas, mais comme partout ailleurs en Bourgogne, on y trouve des vins décevants. La réputation du Domaine de La Romanée-Conti rejaillit sur toute la commune. Ce domaine exploite non seulement les Grands-Crus La Romanée-Conti et La Tâche (des monopoles), mais encore d'exquis Echézeaux, Grands-Echézeaux, Romanée-Saint-Vivant et Richebourg. Rien n'est épargné pour obtenir des vins de garde de grande qualité et 80 % de la production est exportée. L'Echézeaux est peut-être plus léger et moins tannique que le Grands-Echézeaux, mais il a un arôme pénétrant et une grande élégance. Le Richebourg se caractérise par sa richesse et sa profondeur tandis que La Romanée-Conti et La Tâche sont des chefs-d'œuvre d'équilibre, associant les caractères masculin et féminin pour les transcender en un élixir puissant et racé. Ces vins réfléchissent à la perfection les arômes et les goûts de fruit mûr des vieilles vignes et le caractère du terroir. Ils atteignent une telle perfection que l'on ne réussit pas à identifier le chêne neuf dans leur structure complexe. Leur unique défaut – mais il est de taille – est leur prix, rançon de leur rareté, celui de La Romanée-Conti (qui ne compte que 1,8 ha) étant encore plus exorbitant que celui de La Tâche.

Il va sans dire que le terrain est ici admirablement adapté à la production de grands vins. La

*Une partie du vignoble onduleux de Vosne-Romanée, qui compte cinquante-huit hectares de Premiers Crus,
est cultivée sur le sol argilo-calcaire ferrugineux courant dans la Côte de Nuits.*

*Nulle part ailleurs en Bourgogne
le mètre carré de vignoble
n'est plus cher qu'ici.*

VOSNE-ROMANÉE ET FLAGEY-ECHÉZEAUX	
Grands Crus	**Meilleurs Premiers Crus**
La Romanée	La Grande-Rue
Romanée-Conti	Aux Malconsorts
Romanée-Saint-Vivant	Les Beaumonts
Richebourg	Les Suchots
La Tâche	Aux Brûlées
Grands-Echézeaux	Les Petits-Monts

Bons vignerons de Vosne-Romanée et de Flagey-Echézeaux	
Robert Arnoux	Domaine Mongeard-Mugneret*
Jean Grivot	Domaine de La Romanée-Conti
Jean Gros	Robert Sirugue
Henri Jayer*	
Domaine Lamarche	

NUITS-SAINT-GEORGES

meilleure partie du vignoble est (comme d'habitude) à mi-pente, avec un sol excellemment drainé associant le calcaire, l'argile et les cailloux. La Romanée-Conti a un sol argilo-calcaire ferrugineux. Celui de la Romanée-Saint-Vivant a une argile plus profonde sur base calcaire. Le vignoble de La Tâche est moins en pente que celui de La Romanée-Conti, mais la présence de roche concassée et de cailloux facilite le drainage. Dans certains climats, de vieilles vignes permettent à quelques vignerons particulièrement habiles d'obtenir des vins d'une qualité comparable à ceux du Domaine de La Romanée-Conti et l'on comprend pourquoi les vins de Vosne-Romanée ont été décrits comme du velours en bouteille. Mais l'appellation communale comptant près de 100 ha, il faut faire preuve de discernement car il existe – contrairement à ce qui est souvent affirmé – des Vosne-Romanée de qualité moyenne. Quand ils sont bons, ils combinent élégamment le fruit et les épices.

La réputation du Domaine de La Romanée-Conti ne doit pas occulter les petits vignerons exceptionnels. Henri Jayer est la parfaite illustration de ce qui peut se faire de mieux dans un petit domaine. Aussi consciencieux dans son vignoble que dans sa cave, il associe la clairvoyance à une longue expérience et l'intuition à la tradition.

Plus le nom d'une commune vinicole est célèbre, plus l'acheteur doit être sur ses gardes au moment d'acheter une bouteille dont l'étiquette porte ce nom. Par conséquent, redoublez de prudence si vous vous intéressez à un Gevrey-Chambertin ou à un Nuits-Saint-Georges plutôt qu'à un Morey-Saint-Denis ou à un Chambolle-Musigny. Le vignoble de Nuits est encore plus vaste que celui de Gevrey et la commune peut se vanter de posséder l'appellation la plus connue de toute la Bourgogne. Si la gloire de ses Grands Crus rejaillit sur toute la production de Gevrey-Chambertin, Nuits-Saint-Georges ne peut en proposer aucun. En revanche l'appellation compte 41 Premiers Crus (29 sur Nuits et 12 sur les communes voisines de Prémeaux et Prissey), dont quelques-uns d'une qualité exceptionnelle. L'absence de Grands Crus s'explique par le fait que les meilleurs vins de Nuits ne peuvent rivaliser avec les meilleurs de Gevrey-Chambertin et de Vosne-Romanée. En revanche, il faut souligner que de nombreux Premiers Crus de Nuits sont supérieurs à de nombreux vins étiquetés Clos de Vougeot Grand Cru. Les bons Nuits-Saint-Georges sont équilibrés, assez charnus, colorés, et offrent de beaux arômes de fruits rouges.

La vallée du Meuzin coupe le vignoble en deux, la partie nord s'étendant jusqu'à la commune de

Vosne-Romanée, la partie sud débordant sur celles de Prémeaux et Prissey. Le style des vins n'est pas homogène. Au nord, leur bouquet et leur élégance subtile les fait ressembler à ceux de Vosne. Le sol s'alourdit et les vins deviennent progressivement plus robustes quand on s'approche de la bourgade de Nuits-Saint-Georges. Les vins des Damodes, de la Richemone et d'une partie d'Aux Chaignots sont plus parfumés, tandis que les Vaucrains et les Saint-Georges donnent des vins qui ont plus de mâche. Les Premiers Crus proches de Vosne sont à une altitude supérieure à ceux de Prémeaux, qui longent la N 74. Néanmoins, certains vins de la partie méridionale, comme ceux de la Roncière et des Perrières, ressemblent beaucoup à ceux de la Richemone, au nord, car le sol de ces climats est plus léger et plus caillouteux qu'argileux. Si la qualité se mesurait à l'intensité en bouche, on aurait de la peine à départager les Vaucrains et les Saint-Georges, les Pruliers venant aussitôt après. Les Cailles et les Porets peuvent aussi prétendre aux premières places.

Nuits-Saint-Georges a également son vignoble des Hospices – environ 10 ha – dont la production est vendue aux enchères le dimanche précédant les Rameaux.

J'ai toujours le sentiment que l'on devrait trouver à Nuits-Saint-Georges davantage de bons vins qu'il n'y en a. Peut-être ses vignobles n'ont-ils pas la valeur de ceux de Gevrey ? Quoi qu'il en soit, pour une appellation aussi vaste et diversifiée, la liste des bons vignerons devrait être deux fois plus longue. Je suppose que l'influence des négociants y est pour quelque chose.

Meilleurs Premiers Crus	
Les Cailles	La Richemone
Aux Chaignots	La Roncière
Les Damodes	Les Saint-Georges
Les Perrières	Les Vaucrains
Les Porets	Aux Vignes Rondes
Les Pruliers	

Bons vignerons de Nuits-Saint-Georges	
Robert Chevillon *	Alain Michelot
Domaine Faiveley	Henri Remoriquet
Domaine Henri Gouges	Domaine Daniel Rion *
Domaine Machard de Gramont	

CÔTE DE NUITS-VILLAGES

Cette appellation, contrairement à ce que l'on pourrait logiquement penser, ne s'applique pas à toutes les communes de la Côte de Nuits, mais seulement à celles de Corgoloin, Comblanchien, Prissey (dont certains climats sont rattachés à Nuits-Saint-Georges), Brochon (dont les climats méridionaux ont droit à l'appellation Gevrey-Chambertin) et Fixin (qui dispose aussi de sa propre appellation, *voir* page 42). On pourrait estimer équitable que Courchey et Marsannay jouissent aussi de l'appellation Côte de Nuits-Villages, mais les vignerons de ces deux communes du nord ont lutté vainement pour obtenir ce droit. Ceux des cinq communes précitées s'y sont violemment opposés et leur point de vue a prévalu.

Située à l'extrémité méridionale de la Côte de Nuits, la commune de Comblanchien est plus connue pour ses carrières que pour ses vins : on en tire une pierre calcaire, faussement appelée marbre, qui a servi notamment à la construction de l'opéra de Paris et, plus récemment, à celle de l'aérogare d'Orly. Corgoloin est un important centre de production de crème de cassis. Il y existe indiscutablement des climats capables de produire des vins pouvant rivaliser avec un Nuits-Saint-Georges modeste, et il y a fort à parier qu'au siècle dernier une grande partie des vins de cette commune étaient commercialisés sous les étiquettes Nuits-Saint-Georges ou Pommard, les deux principaux propriétaires de Corgoloin étant fixés dans ces communes où ils vinifiaient toute leur vendange sous le même toit.

Les Côte de Nuits-Villages ne sont pas des vins de longue garde. Ils ne possèdent pas la capacité de vieillissement des Premiers Crus et il faut donc les boire rapidement avant qu'ils n'aient perdu leur charme juvénile.

Bons vignerons de Côte de Nuits-Villages
Bernard Chevillon, Corgoloin
André Chopin et Fils, Comblanchien
Robert Dubois et Fils, Prémeaux
Maurice Fornerol, Corgoloin
Jean Petiot, Corgoloin
Domaine de la Poulette, Corgoloin
Roland Taccard, Comblanchien
Roger Trapet, Comblanchien

LA CÔTE DE BEAUNE

On peut comparer la Côte d'Or à un opéra en deux actes, la Côte de Nuits et la Côte de Beaune. Le dernier grand air du premier acte est Nuits-Saint-Georges, après quoi le rideau tombe sur Comblanchien et Corgoloin. Quand il se relève au début du deuxième acte, on retrouve le même leit-motiv, mais le décor n'est plus le même. Les ondulations du paysage sont plus larges, les pentes moins abruptes et plus nettement dirigées vers le sud. La nature du sol s'est légèrement modifiée et celui-ci est, par endroits, si léger qu'il convient mieux au Chardonnay (le cépage des grands vins blancs) qu'au Pinot Noir.

LADOIX-SERRIGNY

Si nous poursuivons l'analogie, le deuxième acte s'ouvre sur la commune de Ladoix-Serrigny et le premier grand air est chanté par Aloxe-Corton. La musique gagne en intensité quand nous approchons des Grands Crus Corton-Renardes et Corton-Bressandes, qui commencent sur le territoire de Ladoix. Ailleurs, le niveau général est bon, mais les vins se vendent plutôt sous l'étiquette Côte de Beaune-Villages. Pourtant certains signes montrent que l'appellation communale Ladoix est en passe d'affirmer son identité, bien que ses meilleurs vins aient droit à l'étiquette Aloxe-Corton. Quant aux vignobles de Vergennes, ils bénéficient de l'appellation Corton. Les vins provenant de parcelles moins bien situées prennent les appellations Ladoix-Côte de Beaune ou Côte de Beaune-Villages. Les vins du nord de l'appellation ont davantage en commun avec ceux de Nuits-Saint-Georges, ce qui n'est pas surprenant vu la similarité géologique du sol des vignobles. Les vins de Ladoix ont une bonne longévité et intéresseront ceux qui ne peuvent s'offrir des Aloxe-Corton.

Bons vignerons de Ladoix-Serrigny	
Chevalier Père et Fils	Prince de Mérode
Edmond Cornu	Domaine André Nudant
Domaine Michel Mallard	et Fils
et Fils	

ALOXE-CORTON

La montagne de Corton, coiffée par le bois du même nom et dont les flancs sont tapissés de vigne, domine le village d'Aloxe-Corton. Accroché près du sommet, sur un terrain silico-calcaire propice à la vigne blanche, le Grand Cru Corton-Charlemagne, donne un des plus grands vins blancs du monde. L'appellation Corton, qui comprend une quinzaine de climats – dont le Corton – sur les trois communes de Ladoix-Serrigny, Aloxe-Corton et, pour quelques parcelles, Pernand-Vergelesses, est le seul Grand Cru rouge de la Côte de Beaune et le plus grand de toute la Bourgogne. Le sol du vignoble, dans l'ensemble argilo-calcaire et ferrugineux, convient admirablement au Pinot Noir. Les autres rouges de la commune, étiquetés Aloxe-Corton, viennent de vignobles moins hauts, sur sol plus profond à base alluviale.

Le Corton, le plus tannique des vins de la Côte de Beaune, a une longévité proverbiale et demande à être attendu. Un bon millésime peut se bonifier pendant plusieurs décennies. Les opinions divergent quant au meilleur climat. Certains préfèrent le nez opulent et la bouche presque beurrée des Bressandes ; d'autres le caractère animal des Renardes ; quant au Clos du Roi, sa réputation est digne de son nom.

Il faut souligner que le Grand Cru Corton, contrairement aux Grands Crus Chambertin et Montrachet, ne doit pas être considéré comme supérieur à ses voisins. J'ai bu de remarquables bouteilles de Corton-Bressandes, mais la palme de la longévité revient probablement au Clos de Roi. Le Corton-Grancey de Louis Latour (assemblage de plusieurs Grands Crus) se trouve facilement, mais il n'est pas, à mon avis, le plus représentatif des qualités du Corton. Les véritables amateurs de Corton se mettront à la recherche de bouteilles que l'on trouve plus rarement sur le marché. Pour ce qui est des excellents Premiers Crus d'Aloxe-Corton, le fait que les Valozières et les Maréchaudes jouxtent les Bressandes permet d'espérer de très bons vins sous ces étiquettes, et les marchands avisés cherchent à se procurer ceux qui viennent de la partie haute de ces climats.

ALOXE-CORTON	
Meilleurs Grands Crus	**Meilleurs Premiers Crus**
Corton	Les Maréchaudes (°)
Corton-Bressandes	Les Valozières (°)
Corton-Clos du Roi	
Corton-Renardes	
Les Maréchaudes (°)	(°) en partie

Bons vignerons d'Aloxe-Corton
Domaine Adrien Belland*
Domaine Chandon de Briailles
Domaine Louis Chapuis
Domaine Antonin Guyon
Domaine Daniel Senard*
Domaine Tollot-Beaut*

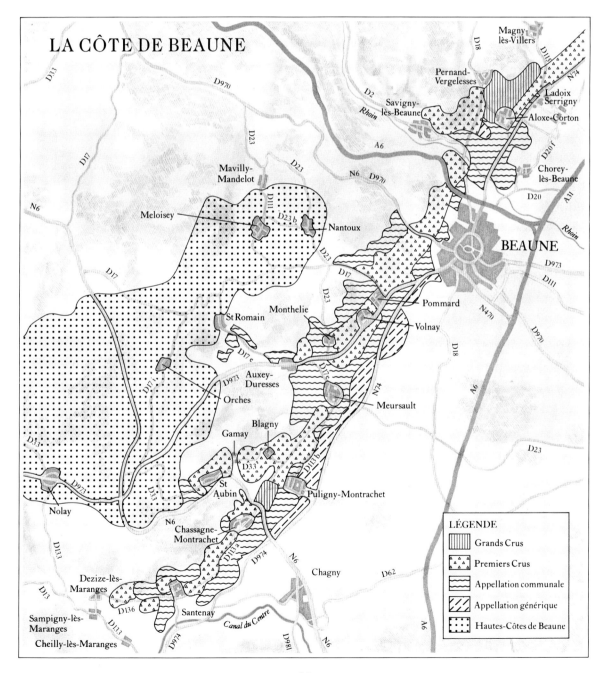

LA CÔTE DE BEAUNE

LÉGENDE

- Grands Crus
- Premiers Crus
- Appellation communale
- Appellation générique
- Hautes-Côtes de Beaune

*C'est sur la célèbre montagne de Corton que se trouve le seul Grand Cru
rouge de toute la Côte de Beaune.*

PERNAND-VERGELESSES

Le village de Pernand-Vergelesses, situé à la rencontre de deux vallées, est peut-être le plus pittoresque de la Bourgogne. Mais comme il est niché derrière la montagne de Corton, les touristes qui espèrent trouver de bonnes bouteilles le négligent souvent. Les parties de vignobles de Grands Crus qui s'étendent à la commune de Pernand-Vergelesses conviennent mieux au Corton-Charlemagne qu'au Corton rouge, car leur sol est moins ferrugineux et elles sont exposées au sud-ouest.

Les meilleurs rouges, qui vieillissent bien, sont un peu plus durs que ceux de la commune voisine de Savigny-lès-Beaune. Le climat le plus favorable est le Premier Cru Ile des Vergelesses, en vertu de son terrain argilo-calcaire ferrugineux. Le même raisonnement pourrait s'appliquer aux Fichots. Les vins de la commune sont souvent vendus comme Côte de Beaune-Villages, mais si vous mettez la main sur un vin étiqueté Pernand-Ver-

gelesses, vous lui trouverez autant de charme et de finesse qu'à un Savigny-lès-Beaune et certainement une plus grande longévité. Les Pernand-Vergelesses sont d'excellents Bourgogne rouge et présentent le rare avantage d'être vendus à un prix qui n'est pas exorbitant.

Meilleurs Premiers Crus	
Ile des Vergelesses	Les Fichots

Bons vignerons de Pernand-Vergelesses	
Domaine Bonneau du Martray	Domaine Dubreuil-Fontaine
Domaine Chandon de Briailles	Domaine Laleure-Piot
Domaine Chanson	Domaine Louis Latour
Denis Père et Fils	Domaine Rapet Père et Fils

SAVIGNY-LÈS-BEAUNE

La plupart des villages de la Côte de Beaune sont plus célèbres pour la qualité de leurs vins que pour leur intérêt touristique. Savigny-lès-Beaune est l'exception la plus notable : le village est ravissant et assez grand pour pouvoir accueillir les touristes comme les amateurs de vins. Il est joliment situé à l'entrée de la Combe de Fontaine Froide, une charmante vallée. Le Rhoin, torrent à truites, dévale du hameau de Bouilland vers le nord. Après Savigny, il coupe l'appellation en deux, laissant de nombreux climats du côté de Pernand-Vergelesses, les autres étant sur le Mont Battois, au-dessus de Beaune, vers le sud. Les sols de ces deux coteaux ne sont pas semblables et l'exposition des vignobles varie. Ces différences se reflètent, comme de juste, dans le style des vins, pourtant ceux-ci ont un point commun : leur aimable finesse flatte le palais comme le village flatte le regard. Leur charme précoce, et leur absence de complexité rendent leur abord plus facile que celui des vins de communes plus illustres, et ils sont un peu moins chers.

Les meilleurs climats sont du côté de Pernand, généralement orientés plein sud (ce qui est inhabituel en Bourgogne). Ce sont les Vergelesses, les Lavières et Aux Guettes. Leur sol est argilo-calcaire et ferrugineux. Il donne des vins plus corpulents et plus durs que ceux des Marconnets, de la Dominode et des Peuillets, sur l'autre coteau, orientés au nord-est, et dont le sol plus léger est plus graveleux et plus sableux. Les vins de la plaine sont moins fins, le vignoble étant planté ici sur un sol comptant une plus forte proportion d'argile alluvial et donc moins bien drainé. D'une manière générale, les vins de Savigny compensent leur manque de puissance par leur parfum marqué.

Meilleurs Premiers Crus	
La Dominode	Les Marconnets
Aux Guettes	Les Vergelesses

Bons vignerons de Savigny-lès-Beaune	
Simon Bize et Fils*	Girard-Vollot et Fils
Pavelot-Glantenay	Pierre Guillemot
Domaine Chandon	Jean-Marie Capron-
de Briailles*	Manieux*

CHOREY-LÈS-BEAUNE

La commune de Chorey-lès-Beaune paraît désavantagée, car elle est presque entièrement située à gauche de la N 74 Ladoix-Beaune, à une altitude d'environ 230 m, dans une plaine d'alluvions provenant de la vallée qui grimpe derrière Savigny-lès-Beaune et Aloxe-Corton. Cette situation l'expose en outre à un danger de gelées printanières accru.

Dans ces conditions, on comprend qu'il n'y ait pas de Premier Cru dans cette commune dont les vins sont généralement vendus comme Côte de Beaune-Villages. Pourtant, on y cultive la vigne de temps immémorial. Peut-être ses vignerons ont-ils toujours bien vécu de la vente à un prix raisonnable de Bourgogne Passetoutgrain à la population de la ville la plus proche, Beaune, à l'instar de ceux de Marsannay qui ravitaillaient Dijon en Gamay. Les climats Les Beaumonts et Les Ratosses sont situés à droite de la N 74 dans le prolongement de ceux de Savigny-lès-Beaune auxquels ils ressemblent, tandis que Les Champs-Longs, à gauche de la route, en face de ceux d'Aloxe-Corton, ont davantage en commun avec ceux-ci. Le Poirier-Malchaussé et Les Crais, plantés sur une marne blanche reposant sur un banc de gravier, donnent des vins assez tanniques de caractère un peu « médicinal ». Les vins de Chorey-lès-Beaune attirent de plus en plus l'attention des amateurs et on peut prévoir qu'ils seront de plus en plus commercialisés sous l'appellation communale plutôt que sous celle de Côte de Beaune-Village. Ils peuvent encore présenter un excellent rapport qualité/prix.

Bons vignerons de Chorey-lès-Beaune
Domaine Tollot-Beaut*
Domaine Jacques Germain*

BEAUNE

L'importance de Beaune dans le commerce des vins n'est surpassée que par celle de Bordeaux. Néanmoins, sa situation géographique – sur l'autoroute qui relie le nord de la France, la Grande-Bretagne, la Belgique, les Pays-Bas et l'Allemagne au Midi – et le fait que c'est une très jolie petite ville, font que le négoce vinicole risque d'être supplanté par le tourisme et d'autres activités

Les cuvées proposées à la vente des Hospices de Beaune,
le troisième dimanche de novembre, font l'objet de surenchères spectaculaires.

commerciales. Ce sont ses vins qui ont donné à Beaune sa réputation internationale. Tous les principaux négociants bourguignons y ont pignon sur rue et leurs caves se trouvent dans ses murs : Bouchard Père et Fils, Chanson Père et Fils, Joseph Drouhin, Louis Jadot, Patriarche, etc.

Beaune est placée sous les feux de l'actualité une fois par an, le troisième dimanche de novembre, quand a lieu la fameuse *vente des Hospices de Beaune.* Des acheteurs du monde entier viennent participer à cette vente aux enchères des vins tirés des 57,6 ha de vignobles formant le Domaine des Hospices. Ses résultats sont très attendus, car ils sont, en quelque sorte, le baromètre du marché vinicole bourguignon. Ils fournissent une bonne indication de la valeur qualitative et financière du millésime plutôt qu'une référence pour le prix des Grands Crus, car les surenchères peuvent atteindre des niveaux spectaculaires, la vente étant une œuvre de bienfaisance et les acheteurs en retirant une publicité considérable.

Les vignes proviennent de dons aux Hospices et les différentes cuvées portent le nom des bienfaiteurs, par exemple Docteur Peste, Nicolas Rolin,

Maurice Drouhin, Général Muteau (ces cuvées sont des assemblages de vins d'une même commune et non, comme on le croit généralement, des monocrus). La vinification des vins des Hospices est sans reproche, mais leur élevage est une autre affaire, car il est assuré par ceux qui ont remporté les enchères. Avant d'acheter du vin des Hospices, il est donc indispensable de vérifier qui l'a embouteillé : le nom des Hospices sur l'étiquette n'est pas en soi une garantie de qualité.

On ne peut espérer découvrir une bonne affaire parmi ces vins. On prendrait moins de risque en les achetant s'ils étaient mis en bouteilles au domaine, comme la plupart des grands Bourgogne, mais il y a peu de chance que cela change, le système actuel donnant entière satisfaction à tous les intéressés.

Une partie considérable des vignobles de l'appellation Beaune peuvent appartenir aux négociants les plus connus, cela ne rend pas leurs vins les plus grands de la Côte d'Or, loin de là. On les considère généralement comme des vins honnêtes et bien faits, d'une qualité qui n'est pas décevante, mais qui ne saurait susciter l'enthousiasme. Mis à part les grands domaines des négociants, on ne trouve dans cette vaste commune qu'une douzaine de vignerons. C'est peut-être pour cela que le nombre de vins possédant une forte personnalité n'est pas plus élevé.

Le vignoble est argilo-calcaire. Les meilleurs Premiers Crus se trouvent sur le sol plus léger du haut des pentes, tandis que les vins de l'appellation communale sont en contre-bas, où le sol est plus profond, plus argileux et moins pierreux. Les climats proches de Savigny-lès-Beaune, comme Les Grèves et Les Marconnets, donnent des vins plus fermes, évoluant moins vite que ceux du côté de Pommard, comme Les Boucherottes. Le Clos des Mouches, qui est presque un monopole de Joseph Drouhin, est complanté en Chardonnay sur le sol plus blanc de la partie supérieure, et en Pinot Noir sur le sol plus brun de la partie inférieure. On compte 42 Premiers Crus dans l'appellation, et une liste des meilleurs est délicate à dresser. A mon avis, ce sont les suivants :

Meilleurs Premiers Crus	
Les Boucherottes	Les Épenottes
Les Bressandes	Les Fèves
Les Cent Vignes	Les Grèves
Champs-Pimont	Les Marconnets
Le Clos de la Mousse	Les Teurons
Le Clos des Mouches	Les Vignes Franches
Le Clos du Roi (en partie)	

Bons vignerons de Beaune
Domaine Arnoux Père et Fils
Domaine Besancenot-Mathouillet
Bouchard Père et Fils
Domaine Chanson Père et Fils
Domaine Joseph Drouhin *
Domaine Jacques Germain *
Domaine Louis Jadot *
Domaine Albert Morot

POMMARD

Pommard est l'appellation bourguignonne la plus connue à l'étranger, notamment aux États-Unis, peut-être parce que son nom roule facilement dans la bouche, comme son vin – qui manque souvent quelque peu d'élégance et de subtilité. Le Pommard est plus proche de la robustesse affirmée du Gevrey-Chambertin que du raffinement de son voisin, le Volnay. J'estime qu'il faut éviter à tout prix les Pommard de base des négociants et se concentrer sur les Premiers Crus d'une qualité incontestable, comme les Rugiens. Certains d'entre eux mériteraient d'être classés Grand Cru, car ce sont peut-être les meilleurs vins de la Côte de Beaune au sud de Corton, comme par exemple les Rugiens-Bas et une partie des Grands Épenots, tandis que les bons vignerons tirent des vins remarquables des Fremiets et des Jarollières. Le Clos de la Commaraine, cru monopole, est un joyau dans la production plutôt indifférente de la grande maison Jaboulet-Vercherre. Un bon Pommard est un vin qu'il faut savoir attendre : il ne déploie ses charmes et son panache qu'après quelques années de cave. Il devrait plaire à ceux qui aiment le gibier et un bon Châteauneuf-du-Pape.

Meilleurs Premiers Crus	
Les Arvelets	Les Jarollières
Clos de la Commaraine	Les Pézerolles
Les Fremiets	Les Rugiens-Bas
Les Grands Épenots	

Bons vignerons de Pommard	
Domaine de Courcel	Domaine Mussy
Domaine Michel Gaunoux *	Domaine Parent *
Domaine Lejeune	Domaine Pothier-Rieusset
Domaine de Montille *	

VOLNAY

On cultive la vigne à Volnay depuis l'époque gallo-romaine, et au Moyen Age les ducs de Bourgogne y avaient leur résidence d'été. Sans doute en appréciaient-ils le vin. Le Premier Cru Clos des Ducs du marquis d'Angerville est un souvenir de cette époque.

La qualité générale est ici plus élevée que dans les autres communes de la Côte de Beaune. Le Volnay, rarement vulgaire, s'il l'est jamais, est réputé pour son élégance, sa souplesse et son bouquet très fin aux arômes de framboise. L'élégance du Volnay reflète la légèreté croissante du sol, car le territoire des grands vins blancs commence un peu plus au sud, avec Meursault, puis Puligny-Montrachet. La transition est marquée par un climat de Meursault, Santenots, dont les rouges bé-

Volnay est justement fier de l'élégance et de la finesse de ses vins, sans doute ceux de la Côte d'Or dont la qualité est la plus régulière.

néficient de l'appellation séparée Volnay-Santenots, et les blancs de celle de Meursault.

Au nord, les Fremiets donnent un vin ressemblant aux Premiers Crus voisins de Pommard, avec une structure dense masquée par des parfums très vifs. Les vins du centre de la commune, comme le Clos de la Bousse d'Or, ont le même caractère, mais atténué. Les Premiers Crus les plus remarquables sont toutefois le Clos des Chênes, Caillerets et Champans : tous ont un bouquet épanoui, des arômes complexes et une grande finesse en bouche.

Meilleurs Premiers Crus	
Caillerets	Clos des Ducs
Champans	Les Fremiets
Clos de la Bousse d'Or	Santenots (sur Meursault)
Clos des Chênes	Taille-Pieds

Bons vignerons de Volnay	
Domaine marquis d'Angerville	Domaine Michel Lafarge *
Pierre Boillot	Domaine des Comtes Lafon *
Domaine Y. Clerget	Domaine de Montille *
Domaine Bernard Glantenay	Domaine de la Bousse d'Or *

MONTHELIE

On peut diviser la commune en deux parties : le coteau de Volnay et la vallée d'Auxey-Duresses. Sur le premier, dont le sol est composé de calcaire et de terre rouge ferrugineuse, on trouve les Premiers Crus, dont le meilleur est Les Champs Fulliot, dans le prolongement des Caillerets de Volnay. Les vins du second, dont le sol est formé de calcaire blanc, sont plus lourds, mais assez fins. Si les Monthelie, généralement étiquetés Côte de Beaune-Villages, n'ont pas la classe des Volnay, ils sont séduisants. On les boit gémléralement jeunes, mais ils peuvent bien vieillir.

Meilleur Premier Cru
Les Champs Fulliot

Bons vignerons de Monthelie	
Jacques Boigelot Éric Boussey	Henri Potinet-Ampeau Éric de Suremain

AUXEY-DURESSES

Cette commune, située au-dessus de celle de Meursault, produit deux tiers de rouge et un tiers de blanc. Le meilleur rouge vient de la Montagne de Bourdon, qui fait suite aux coteaux de Monthelie, et les blancs des coteaux du Mont Melian, adjacents à Meursault, de l'autre côté de la vallée. Les rouges sont durs dans leur jeunesse, comme le nom de la commune, et celui de son meilleur Premier Cru, les Duresses, le laisse entendre. Il faut donc leur donner le temps de s'assouplir et de déployer toutes leurs qualités.

Le sol des Duresses est mince et pierreux, surtout dans le haut du vignoble, largement tourné vers l'est, alors que celui du Val fait face au sud. La proportion de calcaire est élevée sur tout le territoire de la commune. Dans le passé, ses vins étaient vendus sous les étiquettes de Pommard et de Volnay, et plus récemment sous celle de Côte de Beaune-Villages. Le style des Duresses est très proche de celui des Volnay, tandis que les vins de la Chapelle et du Val, plus charnus et évoluant plus lentement, sont peut-être plus proches des Pommard. Les vins d'Auxey-Duresses, qui méritent d'être mieux connus, présentent un bon rapport qualité/prix.

Meilleurs Premiers Crus	
Les Duresses	Le Val

Bons vignerons d'Auxey-Duresses	
Jean-Pierre Diconne Domaine Leroy Domaine du duc de Magenta	Bernard Roy Domaine Michel Prunier

SAINT-ROMAIN

Saint-Romain est au fond de la vallée qui abrite Auxey-Duresses. Plus éloignée des routes fréquentées par les touristes qu'aucune autre commune de la Côte d'Or, elle donne l'impression d'avoir trente ans de retard. Elle se trouve à la frontière des Hautes Côtes de Beaune auxquelles elle ressemble géographiquement.

On y produit un peu plus de rouge que de blanc, mais celui-ci jouit d'une meilleure réputation. Qu'ils donnent du blanc ou du rouge, les vignobles ont un sol argilo-calcaire sur socle de roche, mais leur exposition est variée. Le site est bien protégé du vent et relativement peu humide, ce qui met les vignes à l'abri de la pourriture grise. Les blancs, séduisants quand ils sont jeunes et frais, sont un excellent apéritif, tandis que les rouges sont vifs et fruités avec des arômes de cerise et de fraise, mais sans corpulence ni grande longueur en bouche. Il n'y a pas de Premier Cru et aucun des grands négociants n'est présent. Le nom le plus célèbre de Saint-Romain est probablement celui de François Frères, le tonnelier, dont on trouve les fûts dans toutes les caves les plus prestigieuses, de celles du Domaine de la Romanée-Conti aux chais de Robert Mondavi, en Californie.

Bons vignerons de Saint-Romain	
Alain Gras Taupenot Père et Fils	Domaine René Thévenin- Monthelie

*A la frontière des Hautes Côtes de Beaune, à l'ouest d'Auxey-Duresses
et de Meursault, le vignoble de Saint-Romain
donne des vins agréables et francs.*

BLAGNY

On néglige souvent cette appellation, qui date de 1970, la seule de Bourgogne ne portant pas le nom de la commune, mais celui d'un hameau, Blagny. L'aire d'appellation est partagée entre les communes de Meursault et de Puligny-Montrachet. Seuls les rouges prennent l'appellation Blagny. Les blancs de La Pièce sous Le Bois, La Jeunelotte et Sous le Dos d'Ane sont étiquetés Meursault Premier Cru, les rouges Blagny Premier Cru. De même, les climats du sud – Sous le Puits, La Garenne, Hameau de Blagny et Le Trézin – donnent des Puligny-Montrachet en blanc et des Blagny en rouge (il faut noter que l'appellation Meursault-Blagny fut utilisée pour les blancs jusqu'en 1977). Les rouges de Blagny peuvent être recommandés à ceux qui recherchent des vins ayant du caractère et un net goût de terroir. Cela rend la comparaison avec d'autres vins de la Côte d'Or difficile, mais ne signifie en rien qu'ils leur soient inférieurs. Certains Premiers Crus de bons millésimes atteignent même la classe d'un Grand Cru.

Meilleurs Premiers Crus	
La Pièce sous le Bois	Sous le Dos d'Ane

Bons vignerons de Blagny	
Robert Ampeau Domaine de Blagny	François Jobard

58

CHASSAGNE-MONTRACHET

La gloire du Montrachet rejaillissant sur elle, cette commune est aujourd'hui surtout connue pour ses blancs, mais il faut rappeler qu'elle dut d'abord sa réputation à ses rouges. On disait autrefois qu'à Chassagne, seuls les producteurs de vin rouge gagnaient de quoi manger du pain blanc, et l'on sait que pendant des années, on pouvait acheter deux bouteilles de Montrachet pour le prix d'une seule de Morgeot (Premier Cru rouge). Maintenant, on obtient au moins une demi-douzaine de bouteilles de Morgeot pour le prix d'une unique bouteille de Montrachet.

Chassagne-Montrachet produit un peu moins de blanc que de rouge. La plus grande partie de celui-ci est incontestablement excellente, bien qu'il n'y ait aucun Grand Cru. Les pentes du sud de la commune – marnes calcaires et gravier rouge – conviennent le mieux au rouge. Le Morgeot et la Boudriotte donnent les Premiers Crus les plus puissants, qui rappellent peut-être davantage la Côte de Nuits que la Côte de Beaune. Ils possèdent l'arôme de cerise caractéristique des Nuits-Saint-Georges, mais pas le parfum et la finesse des Vosne-Romanée.

On compte quelques domaines relativement grands, notamment ceux de Ramonet et de Morey. Les mariages à l'intérieur de la commune ont provoqué un curieux entrelac de noms de famille : Gagnard-Delagrange, Delagrange-Bachelet, Bachelet-Ramonet, Ramonet-Prudhon, etc.

Meilleurs Premiers Crus	
La Boudriotte Clos Saint-Jean	Le Morgeot

Bons vignerons de Chassagne-Montrachet
Domaine Jean-Noël Gagnard Domaine Gagnard Delagrange Domaine du duc de Magenta Domaine Morey Domaine André Ramonet

SAINT-AUBIN

Comme Saint-Romain au nord, Saint-Aubin se trouve dans une vallée perpendiculaire à la Côte de Beaune et ses vignobles sont orientés au sud-est et au sud-ouest. Le hameau de Gamay, qui a probablement donné son nom au cépage du Beaujolais, se trouve sur le territoire de la commune où il n'y a toutefois pas une souche de Gamay.

On produit deux à trois fois plus de rouge que de blanc dans cette appellation. Le Saint-Aubin rouge est joli et séduisant, moins puissant que le Chassagne-Montrachet voisin auquel il ressemble. Cette commune est un excellent terrain de chasse pour ceux qui aiment le Bourgogne rouge, mais ne veulent ou ne peuvent payer davantage pour des vins plus prestigieux. Les vignerons sont très consciencieux et leurs vins rarement décevants : il faut le souligner, car on ne peut dire la même chose que d'un petit nombre d'autres communes de la Côte d'Or.

Le vignoble est en partie près de Gamay, sur la Roche du May, qui marque géographiquement l'extrémité de la Côte d'Or, et en partie sur la Montagne du Ban, qui forme le début d'un autre massif s'étendant vers l'ouest. Le sol, comme dans presque toute la Côte de Beaune, est composé de calcaire et d'argile brune. Les meilleurs blancs (par exemple celui de la Chatenière) ont un arôme prononcé de noisette, tandis que les rouges évoquent généralement pour moi les fraises. Toutefois, Les Sous-Roche-Dumay au sol relativement profond donnent des vins très puissants et tanniques.

Meilleurs Premiers Crus	
La Chatenière Les Frionnes	Les Sous-Roches-Dumay

Bons vignerons de Saint-Aubin	
Domaine Clerget Domaine Hubert Lamy Henri Prudhon	Domaine Roux Père et Fils Gérard Thomas

SANTENAY

Santenay, qui ne compte qu'un millier d'habitants, aimerait être une ville d'eau à la mode, et possède même un casino. Dernière commune viticole importante de la Côte d'Or, elle est toutefois plus connue pour ses vins que pour son eau minérale.

Contrairement à Chassagne-Montrachet, ses

Santenay est la commune viticole importante la plus méridionale de la Côte d'Or.

vins blancs sont insignifiants quantitativement et qualitativement, à l'exception du Clos des Gravières. Les rouges défient toute généralisation car les sols sont très variés mais, comme les Saint-Aubin, ils évoquent la fraise. Le sol des meilleurs vignobles – La Comme et Les Gravières, adjacents à Chassagne – est composé de marnes calcaires et de graviers. Dans le sud de la commune, mis à part La Maladière et le Clos Rousseau, les vins sont moins fins, et certains très décevants. Je pensais que la vie était trop courte pour boire du Santenay jusqu'au jour où j'ai bu un vin splendide de La Comme et je suis maintenant d'avis que l'amateur avisé peut découvrir de bonnes affaires dans cette appellation.

Meilleurs Premiers Crus	
Beauregard	Les Gravières
Clos de Tavannes	Clos Rousseau
La Comme	

Bons vignerons de Santenay	
Adrien Belland	Michel Clair
Château de la Charrière	Domaine Lequin-Roussot
(Jean Girardin et Fils)	Mestre Père et Fils

CÔTES DE BEAUNE-VILLAGES

Contrairement à l'appellation Côtes de Nuits-Villages, limitée à quelques communes, celle-ci s'applique à toutes celles de la Côte de Beaune. Les négociants en tirent parti pour produire une grande quantité de vins d'assemblage présentant un style uniforme.

Si l'appellation est méprisée par les vignerons de communes prestigieuses comme Volnay et Pommard, elle est en revanche très utile à ceux de Chorey-lès-Beaune, Ladoix-Serrigny, Saint-Romain, Saint-Aubin et Sampigny-lès-Maranges, qui la préfèrent à l'appellation communale moins connue. Elle ne s'applique qu'aux vins rouges, quoique la production de vins blancs soit forte dans la Côte de Beaune.

Les trois petites appellations de Cheilly, Dezize et Sampigny-lès-Maranges ont ajouté à leur nom celui du meilleur vignoble qu'elles partagent, Les Maranges, un Premier Cru adjacent au Clos Rousseau de Santenay. Le Domaine Bernard Bachelet, à Dezize et le Domaine Paul Chevrot, à Cheilly, méritent une mention.

Négociants recommandés de la Côte d'Or	
Bouchard Père et Fils, Beaune	Joseph Faiveley, Nuits-Saint-Georges
Chanson Père et Fils, Beaune	Louis Jadot, Beaune
	Louis Latour, Beaune
Joseph Drouhin, Beaune	Maison Leroy, Auxey-Duresses

LES HAUTES CÔTES

Une partie encore peu connue de la viticulture bourguignonne est cachée dans les collines et les vallées à l'ouest de la Côte d'Or. Il y a vingt ans, la production vinicole de l'Arrière Côte, comme on disait autrefois, était sur le point de disparaître. Pourtant, au XIXe siècle, avant la catastrophe phylloxérique, on y cultivait la vigne sur près de 5 000 ha. Il n'en restait que 500 en 1967. Après le phylloxéra, des vagues successives d'oïdium et de mildiou avaient achevé de mettre à mal le vignoble et le coup de grâce fut asséné par certains négociants qui préférèrent importer d'énormes quantités de vin bon marché d'Algérie et du Midi, plutôt que de s'approvisionner sur place. La région n'offrait plus de débouché aux jeunes vignerons et très peu restèrent au pays.

Quand il devint évident qu'il n'y avait pas de bon vin de Bourgogne en quantité suffisante pour satisfaire une demande nationale et internationale croissante, et que la Côte d'Or était exploitée en totalité, on se souvint de l'Arrière Côte dont les vignobles restants avaient été, depuis peu, envahis par des hybrides et le Gamay. Il restait à persuader les autorités que la région était capable de produire des vins dignes d'une appellation bourguignonne.

LA RENAISSANCE

L'INAO (Institut National des Appellations d'Origine) se laissa finalement convaincre et le décret créant les appellations Bourgogne-Haute-Côte-de-Nuits et Bourgogne-Haute-Côte-de-Beaune fut publié le 4 août 1961. Cette mesure rendit l'espoir à ceux qui étaient restés sur place, et une nouvelle génération de vignerons se mit au travail. En 1968, la Cave des Hautes Côtes s'installa stratégiquement route de Pommard, à la sortie sud de Beaune, à l'intersection de la N 74 et de la D 973. Cette coopérative fournit une aide vitale aux vignerons qui n'étaient pas en mesure d'acquérir du matériel de vinification et d'élevage moderne, et de commercialiser eux-mêmes leurs vins. La production de la région a cru spectaculairement pendant les quinze ans séparant 1968 de 1983 : celle des Hautes Côtes de Nuits de 170 à 13 123 hl annuels, celle des Hautes Côtes de Beaune de 660 à 16 889 hl. Aujourd'hui, la coopérative vinifie environ le quart de la production totale.

Des innovations controversées furent introduites dans la viticulture : on a notamment adopté sur une grande échelle un palissage haut et un espacement plus grand entre les rangs. Les vignerons avaient besoin d'exploiter le vignoble plus économiquement sans perte de qualité. Ces nouvelles méthodes de culture n'auraient été ni efficaces ni désirables en Côte d'Or, mais dans les Hautes Côtes, elles obtinrent le résultat souhaité en facilitant la mécanisation et en diminuant les risques de gelées printanières. Il ne faut pas oublier que les Hautes Côtes, comme leur nom l'indique, ont des vignobles situés à plus haute altitude (entre 300 et 500 m) que ceux de la Côte d'Or (entre 220 et 300 m). Il s'ensuit un retard tant au débourrement qu'à la floraison et au mûrissement, de 10 à 15 jours en moyenne.

La structure géologique de la région est variable, mais le sol est en général argilo-calcaire comme celui de la Côte. Une orientation favorable du vignoble et une bonne protection contre les vents froids ont une importance particulière à cette altitude plus élevée. On critique parfois la légèreté et la minceur des vins des Hautes Côtes. Ces défauts sont dus, dans une certaine mesure, au site. La jeunesse relative des vignes pourrait aussi jouer un rôle : des souches de vingt-cinq ans sont ici l'exception et non la règle. Souvent, les vins des Hautes Côtes de Nuits sont encore plus légers que les autres, car ils sont fréquemment issus de vignobles reconstitués plus récemment. Comme nous l'avons vu, la production dans les Hautes Côtes de Beaune, dont le développement a commencé plus tôt, est plus importante que dans les Hautes Côtes de Nuits, mais l'on estime que l'écart entre les deux sera comblé d'ici une décennie. Il faudra également du temps pour que certaines des 28 communes en cause se forgent une réputation.

Beaucoup d'efforts seront nécessaires pour que les consommateurs français et les importateurs de vin de l'étranger connaissent bien les deux appellations des Hautes Côtes et les vignerons les plus dynamiques en ont conscience. C'est dans le but d'attirer l'attention des touristes que la Maison des Hautes Côtes a été construite entre Marey-lès-Fussey et Arcenant. On y trouve un large choix de vins, que l'on peut aussi déguster avec la cuisine régionale dans le restaurant ouvert à cet effet.

Bons vignerons de la Côte de Nuits

Claude Cornu, Magny-lès-Villers
Domaine Fribourg, Villers-la-Faye
Geisweiler et Fils, Nuits-Saint-Georges
Bernard Hudelot, Villars-Fontaine
Jayer-Gilles, Magny-lès-Villers
Henri Naudin-Ferrand, Magny-lès-Villers
Simon Fils, Marey-lès-Fussey
Domaine Thévenot Le Brun et Fils, Marey-lès-Fussey
Alain Verdet, Arcenant

Bons vignerons de la Côte de Beaune

Jean-Claude Bouley, Nolay
Denis Carre, Meloisey
François Charles, Nantoux
Château de Mercey, Cheilly-lès-Maranges
Lucien Jacob, Echevronne
Jean Joliot, Nantoux
Domaine des Vignes des Demoiselles, Nolay

LA CÔTE CHALONNAISE
ET LE MÂCONNAIS

La demande accrue pour les vins de la Côte d'Or ne peut qu'être une bonne nouvelle pour les vignerons des régions de Bourgogne moins prestigieuses, car tout le monde ne peut acheter les meilleurs vins, d'autant plus chers qu'ils sont plus rares. Si l'avenir paraît brillant pour les Hautes Côtes, mal connues, il doit l'être encore davantage pour la Côte Chalonnaise et le Mâconnais, dont la réputation n'est plus à faire.

Cette nouvelle étape de notre voyage à travers le vignoble bourguignon va nous mener de Chagny, première ville importante au sud de Beaune, à Mâcon. Cette région, beaucoup plus vaste que la Côte d'Or, s'étend sur quelque 70 km et pratique la polyculture. On y traverse de grandes zones où il n'y a pas le moindre vignoble.

La Côte Chalonnaise et le Mâconnais se trouvent à l'ouest de deux grandes villes qui leur ont donné leur nom, mais qui se trouvent en dehors des aires d'appellation. Si Mâcon a aussi donné le sien à plusieurs vins (Mâcon blanc, Mâcon rouge et rosé, Mâcon-Supérieur et Mâcon-Villages), il n'existe pas de Chalon rouge ou blanc. Les 43 villages ou hameaux produisant du Mâcon joignent souvent leur nom à celui de l'appellation (par exemple Mâcon-Viré, Mâcon-Clessé), tandis que les quatres principales communes de la Côte Chalonnaise bénéficient des appellations communales Rully, Mercurey, Givry et Montagny (Bouzeron ne peut utiliser son nom que pour un vin blanc : le Bourgogne-Aligoté-Bouzeron).

LA CÔTE CHALONNAISE

Géographiquement et géologiquement, la Côte Chalonnaise est une extension fragmentée de la Côte d'Or. On n'y trouve pas un ruban continu de vignobles adjacents comme au nord, mais le sol des zones où l'on cultive la vigne est presque semblable, argilo-calcaire avec prédominance de calcaire brun là où se trouvent les cépages rouges. Le Pinot Noir occupe les deux tiers du vignoble, le Gamay, le Chardonnay et l'Aligoté se partageant le reste. Bien que la Côte Chalonnaise se trouve au sud de la Côte d'Or, le climat peut souvent y être plus rigoureux.

BOUZERON

Cette commune est de peu d'importance pour les rouges. Elle doit sa notoriété à la qualité de son Aligoté. Deux vignerons ont surtout contribué à sa réputation, A. et P. de Villaine et Chanzy Frères. Aubert de Villaine est surtout connu comme copropriétaire du Domaine de la Romanée-Conti, mais il est justement fier de son Bourgogne-Aligoté-Bouzeron. Son Bourgogne rouge, bien fait, possède quelque charme, mais ce serait une erreur d'imaginer qu'il s'agit d'un grand vin. Je considère que, comme la plupart des vins de la Côte Chalonnaise, il présente un excellent rapport qualité/prix plutôt qu'une qualité spectaculaire.

Bons vignerons de Bouzeron	
Chanzy Frères	A. et P. de Villaine*

RULLY

Cette appellation, qui s'étend aux communes de Rully et de Chagny, est en pleine expansion. On y produit un peu plus de vin rouge que de blanc, bien que celui-ci jouisse d'une meilleure réputation. Le vignoble compte beaucoup de jeunes vignes de Pinot Noir : peut-être la qualité des vins rouges s'améliorera-t-elle quand elles prendront de l'âge. Aujourd'hui, on trouvera probablement ces vins légers, avec un fruit manquant de profondeur et un caractère un peu roturier, mais il existe des exceptions notables chez les vignerons mentionnés ci-dessous. Rully est aussi renommé pour ses mousseux, vendus sous l'appellation Crémant de Bourgogne.

Bons vignerons de Rully
Jean-Claude Brelière
Domaine de la Folie (Xavier Noël-Bouton*)
H. et P. Jacqueson
Guy Mugnier
Domaine du Prieuré
Domaine de la Renarde (Jean-François Delorme)

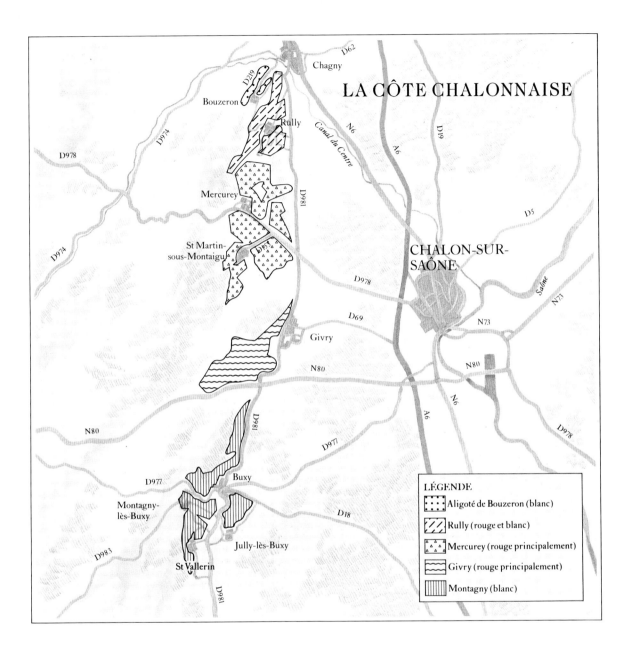

MERCUREY

On dénomme parfois la Côte Chalonnaise région de Mercurey, ce qui donne une indication de l'importance quantitative et qualitative des vins de cette commune, dont environ 95 % sont des rouges. Certains ont une structure et une profondeur qui invitent à la comparaison avec des vins plus célèbres de la Côte d'Or – je leur trouve parfois une nuance de cerise qui me rappelle, par exemple, le Chassagne-Montrachet ou le Nuits-Saint-Georges. D'autres les ont comparés à un Pomerol léger du Bordelais. La réputation de la commune est donc bien établie et elle n'a pas eu à lutter pour s'affirmer comme Rully, qui a longtemps vendu ses vins sous l'étiquette de sa voisine plus prestigieuse. Mercurey a presque été adoptée par la Côte d'Or : jusqu'à 70 % de sa production fut commercialisée par des négociants de Beaune et de Nuits-Saint-Georges ; le Mercurey est logé dans des pièces de 228 litres, comme les vins de la Côte-d'Or, alors que les fûts traditionnels de Mâcon et de Chalon ont une contenance de 114 et 215 litres ; enfin Mercurey se flatte d'un rendement inférieur

*Le château de Rully, dans la Côte Chalonnaise, domine un vignoble
complanté en Chardonnay et en Pinot Noir. Le sol argilo-calcaire ferrugineux
a la couleur rouge caractéristique des bons climats de Bourgogne.*

à celui des autres communes de la Côte Chalonnaise. Plus de la moitié du vignoble est exploitée par une demi-douzaine de producteurs dont les plus connus sont Bouchard Aîné et Fils, J. Faiveley, Protheau et Antonin Rodet, le reste étant partagé entre au moins 60 petits vignerons. La confrérie locale, lors d'une dégustation annuelle, choisit les meilleurs vins qui ont droit à la mention *Chanteflûté* sur leurs bouteilles.

Premiers Crus	
Clos des Fourneaux	Clos Marcilly
Clos des Montaigu	Clos Voyen
Clos du Roy	

Note : ces climats ne donnent pas nécessairement les meilleurs vins, le talent du vigneron primant. Certains climats sont particulièrement bons sans être classés Premiers Crus, comme le Clos des Barraults de Michel Juillot.

Bons vignerons de Mercurey
Luc Brinet et Frédéric Charles
Domaine J. Faiveley
Jeannin-Naltet Père et Fils
Michel Juillot*
Louis Menand Père et Fils
Domaine de la Monette (Paul-Jean Granger)
Domaine Saier
Domaine de Suremain*
Émile Voarick

GIVRY

Givry se trouve au sud de Mercurey, après un vide viticole d'une dizaine de kilomètres. La commune est renommée depuis des siècles : elle fut à son pinacle au Moyen Age et ses vins continuèrent à se vendre plus chers que ceux de Mercurey jusqu'à la fin du XIXᵉ siècle. Elle semble maintenant sur le déclin et ce n'est pas parce que son vin était prisé par Henri IV – il en fit venir au Château de Saint-Germain – ni parce que son vin est maintenant plus agréable que remarquable, qu'elle échappera encore longtemps à l'appétit des promoteurs immobiliers de Chalon (Henri IV n'était d'ailleurs pas renommé pour la sûreté de son goût). Comme je l'ai déjà souligné, il faut l'aiguillon du profit pour que des vins vraiment excellents soient élaborés et il semble bien que les

propriétaires de Givry soient davantage attirés par la perspective de vendre leurs terres un bon prix que par la poursuite de la viticulture. Il se trouve pourtant un petit groupe d'hommes décidés qui réussiront sans doute à sauver l'appellation de la disparition. Le négociant Louis Latour bénéficie d'un important affermage et le quart du vignoble est exploité par le Domaine du baron Thénard. Plusieurs petits vignerons aident aussi à maintenir la réputation de la commune (voir ci-dessous).

Bons vignerons de Givry
Domaine Jean Chofflet
Propriété Desvignes
Domaine du Gardin (Clos Salomon)
Domaine Joblot
Lumpp Frères
Domaine Ragot
Domaine de la Renarde
Domaine Thénard

MONTAGNY

Montagny, appellation la plus méridionale de la Côte Chalonnaise, s'étend aux communes de Montagny, Buxy, Jully-lès-Buxy et Saint-Vallerin. Elle est réservée exclusivement au blanc. On y produit aussi un peu de Bourgogne rouge et de Bourgogne Passetoutgrain qui, bien que n'ayant pas la classe des Montagny, sont parfaitement respectables quand ils sont bien faits. En plus de ceux des vignerons indépendants mentionnés ci-dessous, le Bourgogne rouge des négociants éleveurs B. et J.-M. Delaunay mérite une mention, car il provient de vins soigneusement choisis et élevés avec talent.

Bons vignerons de Montagny
Cave des vignerons de Buxy
Lucien Denizot
Veuve Steinmaier et Fils
Jean Vachet

LE MÂCONNAIS

En quittant la Côte Chalonnaise, on pénètre aussitôt dans le Mâconnais, région dont la production de rouge comme de blanc est beaucoup plus abondante. A l'époque de Louis XIV, le Mâconnais était surtout connu pour ses vins rouges. C'est aujourd'hui l'inverse. On y distingue deux catégories principales de sol dans le vignoble : franchement calcaire sur lequel le Chardonnay, qui donne le blanc, s'épanouit ; calcaire avec davantage d'argile et de sable sur lequel on cultive le Gamay et un peu de Pinot Noir. Le blanc, sur lequel rejaillit un peu de la gloire du Pouilly-Fuissé, compte pour environ deux tiers de la production, ce qui est une preuve de plus de la vogue actuelle des vins blancs. Le rouge est surclassé quantitativement et qualitativement par le Beaujolais, qui met mieux en valeur le charme fruité du Gamay. Il est incontestable que le sol granitique bien drainé du Beaujolais convient mieux à ce cépage que le sol calcaire du Mâconnais. Les techniques de vinification en rouge sont, dans l'ensemble, plus proches de celles du Beaujolais (*voir* page 69) que de celles de la Côte d'Or.

Plus de la moitié de la production de la région est vinifiée par des coopératives d'excellent niveau. On en compte une quinzaine dans des communes aux noms souvent connus comme Lugny, Viré, Igé et Clessé. Leurs vins sont fréquemment d'une qualité supérieure à ceux des vignerons indépendants. Toutefois, c'est à un petit nombre de vignerons de talent exploitant des vignobles bien situés que l'on doit les meilleurs vins de la région. Si je trouve le Mâcon rouge issu du Gamay généralement décevant en comparaison avec les bons Beaujolais, celui tiré du Pinot Noir me paraît parfois capable, les bonnes années, de bien traduire le caractère du cépage. Peut-être les producteurs du Mâconnais devraient-ils concentrer leurs efforts sur le Chardonnay et le Pinot Noir et laisser le Gamay à leurs voisins du sud.

Bons vignerons du Mâconnais
Domaine Chervin, Burgy
Domaine Guffens-Heynen, Vergisson
Pierre et Véronique Janny, Péronne
Henri Lafarge, Bray
Domaine Talmard, Uchizy

Un vignoble du Mâconnais, région où l'on fait un peu de bon Bourgogne rouge issu du Pinot Noir et du Mâcon rouge, moins coté, issu du Gamay.

LE BEAUJOLAIS

Après les complexités, les paradoxes de la Côte d'Or, quel soulagement de se trouver dans le Beaujolais. Le luxe raffiné et coûteux des Vosnes-Romanée et autre Volnay est remplacé par la simplicité de bon aloi de vins faciles à comprendre, issus d'un cépage sans prétention, visiblement heureux dans son environnement naturel. Les Beaujolais, francs et gouleyants, n'exigent d'efforts ni intellectuel, ni financier, et ils ne se font généralement pas prier avant de déployer leurs charmes. Dans cette région où la plus grande partie de la production est vendue par des négociants ou des caves coopératives, il est beaucoup moins important que dans la Côte d'Or de connaître le nom d'un grand nombre de vignerons. Le Gamay est un cépage indulgent qui n'a les exigences du Pinot Noir ni dans le vignoble, ni dans la cave de vinification. C'est pourquoi les mauvaises surprises sont rares ici. De plus, la production étant abondante, l'acheteur ne devrait qu'avoir l'embarras du choix pour trouver un vin à son goût.

Néanmoins, il se heurtera à une difficulté : celle de s'orienter. Le dessin des petites routes est un chef-d'œuvre de l'art d'égarer les touristes, même s'ils se sont munis d'une bonne carte. Il y a une consolation : le Beaujolais est une des régions dans laquelle il est très agréable de se perdre. Soyez toutefois prudent. Il se pourrait que le conducteur d'en face ait voulu s'assurer longuement, avant de prendre le volant, de la qualité de son Beaujolais favori.

HAUT BEAUJOLAIS ET BAS BEAUJOLAIS

On distingue le haut Beaujolais, qui commence un peu au sud de Mâcon et s'étend jusqu'à Villefranche-sur-Saône, et le bas Beaujolais qui le prolonge jusqu'aux portes de Lyon, grande ville qui fut le principal débouché pour la production vinicole de la région. On disait autrefois que Lyon était arrosée par trois fleuves : la Saône, le Rhône et... le Beaujolais.

La célèbre roche de Solutré, dressée comme la proue d'un navire, marque la transition entre le Mâconnais et le Beaujolais. Elle domine l'appellation la plus prestigieuse du premier, Pouilly-Fuissé, qui (avec celle de Saint-Véran) jouxte le cru le plus septentrional du second, Saint-Amour. C'est là que le calcaire cède la place au granite, et le Chardonnay au Gamay.

Tous les meilleurs vins – j'entends le Beaujolais-Villages et les crus – viennent du haut Beaujolais. Dans cette région, vous êtes assuré d'un niveau de qualité satisfaisant et vous pouvez y trouver des vins capables de se bonifier pendant quelques années. Dans le bas Beaujolais où, depuis quelques années, le vignoble a été largement étendu, parfois sur des sols ne convenant pas idéalement à la viticulture, ne vous attendez pas à une qualité régulière. De nombreux vins semblent avoir beaucoup plus en commun avec le vin de table qu'avec le vrai Beaujolais. Les acheter est gaspiller son argent, sauf s'il s'agit de Beaujolais nouveau, et à condition que l'année soit bonne.

LES PRODUCTEURS

La propriété est très morcelée et la surface de la plupart des exploitations – il y en a environ 7 000 – n'est que de 2 à 10 ha. Le métayage est une pratique courante : le propriétaire fournit le terrain, les vignes et le matériel d'exploitation ; le métayer s'occupe du vignoble et élabore le vin ; les bénéfices sont partagés également entre eux. Les coopératives jouent aussi un rôle important : on en compte 18 qui rassemblent plus de 4 000 vignerons. Elles assurent environ le tiers de la production. La moitié du Beaujolais est maintenant exportée. Le premier client est la Suisse, suivie de l'Allemagne, de la Grande-Bretagne, des États-Unis et de la Belgique.

SOL ET CLIMAT

Le sol de la partie la plus favorisée de la région est composé de schistes granitiques légers, cailouteux ou sableux, bien drainés, qui se transforment en sol plus argileux au bas des coteaux. Dans le Bas-Beaujolais, où il devient calcaire, argilo-calcaire ou argileux suivant les endroits, il est géné-

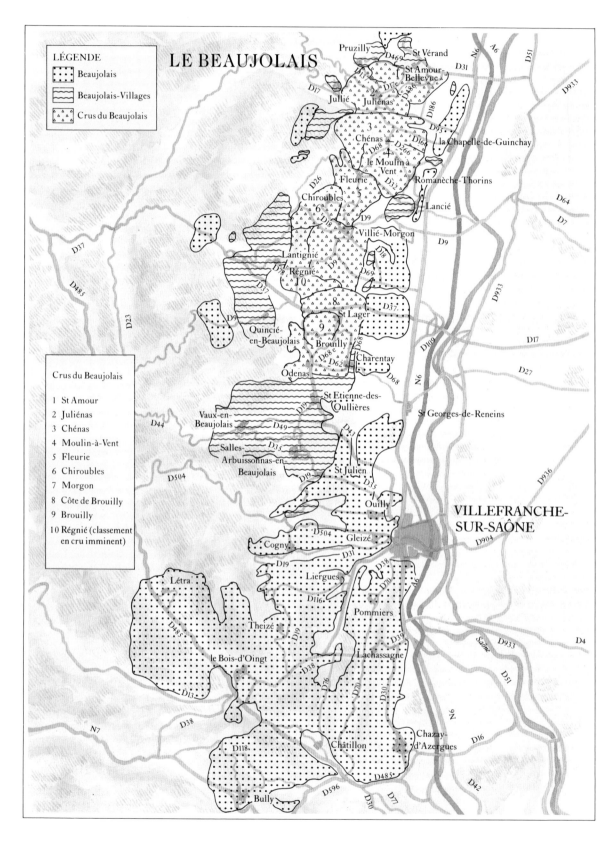

LE BEAUJOLAIS

LÉGENDE

- Beaujolais
- Beaujolais-Villages
- Crus du Beaujolais

Pruzilly
St Vérand
St Amour-
Bellevue
Jullié
Juliénas
3
Chénas
la Chapelle-de-Guinchay
4
le Moulin à
Vent
Fleurie
Romanèche-Thorins
Chiroubles
Lancié
6
Villié-Morgon
Lantignié
Régnié
7
10
St Lager
8
Quincié-
en-Beaujolais
9
Brouilly
Charentay
Odenas
St Etienne-des-
Oullières
Vaux-en-
Beaujolais
St Georges-de-Reneins
Salles-
Arbuissonnas-en-
Beaujolais
St Julien
Ouilly
VILLEFRANCHE-
SUR-SAÔNE
Cogny
Gleizé
Létra
Liergues
Theizé
Pommiers
le Bois-d'Oingt
Lachassagne
Châtillon
Chazay-
d'Azergues
Bully

Crus du Beaujolais

1 St Amour
2 Juliénas
3 Chénas
4 Moulin-à-Vent
5 Fleurie
6 Chiroubles
7 Morgon
8 Côte de Brouilly
9 Brouilly
10 Régnié (classement
en cru imminent)

ralement moins bien drainé. Les meilleurs vignobles sont situés à une altitude de 200 à 350 m, et orientés sud-sud-est.

Le climat du Beaujolais associe des influences océaniques, méditerranéennes et continentales. Il est très changeant, suivant que l'une ou l'autre prédomine : on y connaît des hivers froids ou tempérés ; des printemps secs ou pluvieux, parfois si froids qu'il y a risque de coulure ; des étés humides ou torrides avec des risques d'orages et de grêle. La température descend rarement au-dessous de 10° l'hiver, mais il arrive qu'elle atteigne 40° l'été. Pourtant, le mûrissement du raisin est généralement satisfaisant, car l'été est rarement pluvieux de bout en bout.

VITICULTURE

Contrairement à la Côte d'Or où l'on utilise soit la taille en Guyot, soit la taille en Cordon de Royat, le Haut-Beaujolais a généralement adopté une variante de la taille en Gobelet – dite en Gobelet Beaujolais – grâce à laquelle les sarments de chaque cep sont isolés de ceux des ceps voisins. Pour le Beaujolais-Villages et les neuf (bientôt dix) crus, la réglementation de l'appellation contrôlée spécifie cette taille et précise le nombre de coursons, alors que la taille en Guyot simple, palissée sur fil de fer, est normalement utilisée pour le Beaujolais générique.

VINIFICATION

Alors que le reste de la Bourgogne pratique la vinification traditionnelle, le Beaujolais a adopté une méthode de vinification particulière : celle de grains entiers. Le raisin, ni égrappé ni foulé, est déposé soigneusement dans la cuve de vinification qui, idéalement, ne devrait pas dépasser 60 hl. Le poids de la masse fait éclater les grains du bas, la fermentation s'amorce dans le moût ainsi produit, sous l'effet des ferments naturels présents sur la peau du raisin et se poursuit à l'intérieur des grains intacts. Le gaz carbonique qui se développe reste enfermé dans la cuve, qui est fermée, et joue le rôle d'un anti-oxydant. C'est pourquoi on appelle aussi cette méthode semi-carbonique. Menée à une température de 25° à 28°, la fermentation ne dure que quelques jours. Après que le vin de goutte se soit écoulé, la masse est pressée pour en extraire le vin de presse qui, avec cette méthode, peut atteindre les deux tiers du total. Vin de

goutte et vin de presse sont ensuite assemblés. Avec la vinification traditionnelle, le vin de presse, beaucoup moins abondant, peut être écarté si le vinificateur estime que le vin de goutte est suffisamment tannique. L'avantage majeur de la vinification de grains entiers est son extraction remarquable des arômes, son grand défaut est qu'elle est incapable de donner au vin la structure indispensable à un bon vieillissement. On procède de même, mais avec un temps de cuvaison plus grand, pour les meilleurs crus afin de leur donner plus de corps et une certaine longévité.

Pour le Beaujolais nouveau, le vin de primeur le plus célèbre, on fait appel à la macération carbonique. Cette méthode est proche de la précédente, mais la cuve est saturée, avant la fermentation, de gaz carbonique venant d'une bouteille de gaz ou d'une cuve en travail, et l'extraction aromatique est encore plus marquée. La cuvaison est écourtée autant qu'il est possible. Le nouveau est prêt à être expédié avant le milieu du mois de novembre, c'est-à-dire dans les deux mois suivant les vendanges : un véritable tour de force. La mise en bouteilles des autres Beaujolais peut commencer le 15 décembre et celle de la plupart des crus est achevée à la fin du mois de mai.

LE BEAUJOLAIS NOUVEAU

Les premiers avions emportant le Beaujolais nouveau décollent dans la nuit du 14 au 15 novembre et presque toute la production – qui représente la moitié de celle de la région – est vendue en quelques semaines. Cette commercialisation accélérée a bouleversé l'économie viti-vinicole de la région et lui a apporté une prospérité sans précédent. L'avantage considérable d'une rentrée d'argent frais aussi rapide a incité d'autres régions à imiter le procédé, en France (Muscadet, vins du Midi), en Italie, en Australie et en Afrique du Sud, mais avec beaucoup moins de succès. Les vignerons du Beaujolais ont non seulement une sérieuse avance sur leurs concurrents français, mais ils ont porté la macération carbonique à son point de perfection.

La plus grande partie du nouveau vient du bas Beaujolais, encore que le meilleur soit produit dans l'aire d'appellation des Beaujolais-Villages. Les vins les plus légers de la région devant être consommés rapidement, vous ne pouvez probablement rien faire de mieux que de choisir un bon nouveau si vous recherchez du Beaujolais tout court. En effet, les meilleures cuvées sont aujourd'hui réservées au nouveau, les moins bonnes sont vendues un peu plus tard, quand la courte saison du nouveau sera achevée, sous l'étiquette Beaujolais. Il vaut mieux éviter ces vins.

A mon avis, il n'y a pas de raison de consommer le nouveau avant Noël. Il peut s'améliorer bien au-delà de Pâques et jusqu'aux vendanges suivantes. J'ai personnellement bu de nombreuses bouteilles ayant cinq ou six ans, et ne les ai pas trouvées moins bonnes que celles de l'année. Mon conseil à ceux qui aiment le Beaujolais tout court est d'encaver ce dont ils ont besoin pour l'année entière, à la fin du mois de novembre.

Le principal inconvénient de la prodigieuse vogue du Beaujolais nouveau est qu'elle risque de ne pas laisser suffisamment de vin pour élaborer quelque chose de meilleur. Il est dommage de voir des vignerons, séduits par la perspective d'un bénéfice rapide, renoncer à tirer de leur vignoble ce qu'il pourrait donner de mieux. De plus, si l'on fait moins de bon vin, le prix de celui-ci va augmenter plus rapidement qu'il ne le ferait autrement. A mon avis, on est allé assez loin dans cette direction et on ne devrait pas autoriser que la production du nouveau augmente encore (elle a quadruplé entre 1970 et 1982).

LES APPELLATIONS

Les appellations du Beaujolais présentent l'avantage d'être simples et peu nombreuses : Beaujolais, Beaujolais-Supérieur, Beaujolais-Villages et les crus. Les deux premières s'appliquent à toute la région. La différence entre le Beaujolais et le Beaujolais-Supérieur est théorique puisque leur teneur alcoolique minimum est respectivement de 9 et 9,5 %, alors que dans la pratique, l'un et l'autre atteignent de nos jours 12 à 13,5 %, la chaptalisation étant une pratique courante ! L'appellation Beaujolais-Villages (10 % minimum d'alcool) s'applique à 37 communes du haut Beaujolais.

LES CRUS DU BEAUJOLAIS

Les crus sont du nord au sud : Saint-Amour, Juliénas, Chénas, Moulin-à-Vent, Fleurie, Chiroubles, Morgon, Régnié (la publication du décret consacrant ce dixième cru était imminente au moment de la rédaction de ce guide), Brouilly et Côte-de-Brouilly. Groupés dans une zone qui n'atteint pas 20 km, ces crus sont indiscutablement différents. On constate pourtant une nette tendance à l'uniformisation de leurs caractères. Leur popularité même risque d'entraîner leur déclin car, d'une manière générale, les producteurs paraissent céder à la facilité : ils seraient certainement plus soucieux de qualité si leurs vins ne se vendaient pas aussi aisément.

Heureusement, l'originalité des diverses appellations est préservée par quelques vignerons qui mettent eux-mêmes en bouteilles, ainsi que par certains négociants-éleveurs qui prennent soin de vinifier la production de chaque vigneron et/ou d'élever leurs vins séparément, plutôt que de gommer leurs différences en les assemblant.

Les grands négociants de la Côte d'Or proposent souvent un large assortiment de Beaujolais, ce qui leur permet de faire tourner plus vite une partie de leur capital et de satisfaire la clientèle pour laquelle les grands Bourgogne sont trop chers. Ces vins sont généralement acceptables mais, souvent, reflètent davantage le style du négociant que le caractère des crus. Souvenez-vous aussi que les crus du Beaujolais peuvent être déclassés, sous certaines conditions, en Bourgogne rouge. Cela satisfait les négociants mais peut induire le consommateur en erreur car les règlements de l'appellation contrôlée excluent le Gamay dans la Côte d'Or et la Côte Chalonnaise, alors que ce cépage domine presque entièrement le Beaujolais : un Bourgogne peut donc être issu indistinctement du Pinot Noir ou du Gamay.

SAINT-AMOUR

Les vignerons de Saint-Amour sont très soucieux de qualité et c'est sans doute pour cette raison qu'il n'y a pas de coopérative dans ce village. Les coopératives faisant des efforts de promotion qui ne sont pas à la portée des vignerons individuels, cela explique peut-être pourquoi le Saint-Amour est moins connu que les autres crus, bien qu'il possède la délicatesse du Fleurie et du Chiroubles. Avec 275 ha et une production moyenne d'environ 2 000 000 bouteilles, Saint-Amour est le cru le moins abondant après Chénas.

C'est aussi celui qui se trouve entièrement en Saône-et-Loire et non dans le Rhône. Étant donné sa proximité de Pouilly-Fuissé, on ne s'étonnera pas de la présence d'un peu de sol calcaire dans son vignoble, ce qui peut expliquer son caractère particulier.

Bons vignerons de Saint-Amour
Domaine des Billards (Éts Loron et Fils)
Domaine des Ducs
Domaine Janin
Élie Mongénie
Domaine du Paradis (embouteillé par Maurice Delorme, son propriétaire, et Georges Dubœuf)
Domaine Pâtissier
Domaine Francis Saillant

s'ajoute parfois à ses arômes exubérants de framboise et de cerise. Très agréable jeune, il atteint son apogée après trois ans de bouteille et les bons millésimes peuvent vieillir davantage.

Chaque année au mois de novembre, quand le village fête le nouveau millésime, un prix de 104 bouteilles est attribué à celui qui a le mieux œuvré pour faire connaître son vin.

Dans cette commune, dont les vins sont rarement décevants, je vous conseille de vous intéresser aux vignerons suivants :

JULIÉNAS

Avec 560 ha de Gamay, cette appellation produit en moyenne 4 250 000 bouteilles d'un vin de qualité régulière, bien charpenté et corpulent, qui est souvent le mieux équilibré de tous les Beaujolais. Ses vignobles pourraient bien faire partie des plus anciens de la région car Juliénas a indubitablement une longue histoire : Jules César aurait inspiré son nom latin, *Julienacas*. Une touche épicée

Bons vignerons de Juliénas
Ernest Aujas
François Condemine (Château de Juliénas)
Domaine Gonon
Claude et Michelle Joubert
Domaine René Monnet
André Pelletier (Éventail)
Jacques Perrachon (Domaine de la Bottière)
Raymond et Michel Tête

Les meilleurs vignerons de Juliénas proposent des vins qui comptent souvent parmi les meilleurs crus du Beaujolais.

CHÉNAS

Avec une production annuelle moyenne de 1 700 000 bouteilles, Chénas, qui compte 250 ha de vignobles, est le moins abondant de tous les crus du Beaujolais (une partie des vignobles de la commune est autorisée à déclarer sa production sous l'appellation voisine de Moulin-à-Vent). De nombreux vignerons de Chénas possédant des parcelles ayant droit aux deux appellations choisissent celle de Moulin-à-Vent pour leurs meilleures cuvées. Cela explique sans doute pourquoi la réputation du Chénas n'est pas aussi bonne qu'elle pourrait l'être. On peut pourtant faire de bonnes affaires dans ce village, un cru moins prestigieux ne se vendant pas aussi cher. La meilleure tactique est de trouver un vigneron suffisamment fier de son appellation pour l'appliquer à son meilleur vin.

L'appellation s'étend sur les communes de Chénas et La Chapelle-de-Guinchay et, n'étant pas géologiquement homogène, le style des Chénas varie selon qu'ils viennent de vignobles proches de Juliénas ou de Moulin-à-Vent et selon les vignerons. Ils sont robustes et certains doivent être bus jeunes, tandis que d'autres exigent quelques années pour déployer toutes leurs qualités. Les meilleurs peuvent être conservés six ans.

Bons vignerons de Chénas	
Louis Champagnon	Pierre Perrachon
Château de Chénas	(Château Bonnet)
Gérard Lapierre	Daniel Robin
Hubert Lapierre	Jean-Louis Santé

MOULIN-À-VENT

Personne ne conteste que le Moulin-à-Vent, de par sa puissance et sa longévité, se situe en haut de l'échelle des crus du Beaujolais. Son vignoble compte 650 ha sur les communes de Romanèche-Thorins et Chénas. Sa production annuelle s'élève en moyenne à 4 650 000 bouteilles. Il n'existe pas de village de Moulin-à-Vent : le nom de l'appellation vient du moulin tricentenaire qui la domine à une altitude de 240 m. Son sol granitique contenant du manganèse peut donner un vin à la robe profonde et à la bouche ample. De tous les crus du Beaujolais, le Moulin-à-Vent a la réputation d'être celui qui ressemble le plus, après quelques

années de bouteille, à un Bourgogne de la Côte d'Or. J'ai bu un jour un magnum de Moulin-à-Vent 1980 et je l'ai trouvé plus proche d'un Saint-Émilion issu du Merlot que d'un Bourgogne issu du Pinot Noir.

Dans sa jeunesse, le Moulin-à-Vent peut être âpre, fermé et manquer du charme propre au Beaujolais. C'est pourquoi c'est un mauvais candidat au rôle de Beaujolais nouveau. Corsé et bien charpenté, il supporte même l'élevage dans le chêne neuf. Rien n'est plus décevant dans une dégustation comparative qu'un Moulin-à-Vent pâle et joli comme un jeune Beaujolais-Villages. Malheureusement, cela n'est pas rare aujourd'hui car l'appas d'un gain rapide encourage certains producteurs à accélérer l'élaboration de leur vin. On ne s'étonnera pas de trouver des vins médiocres sous l'étiquette des noms les plus prestigieux de la région (à ce propos, je tiens à souligner que celui de George Duboeuf, bien qu'il soit bon comme toujours, est relativement léger et peu typique). Les climats La Rochelle et La Tour-du-Bief, l'un et l'autre au comte de Sparre, donnent des Moulin-à-Vent classiques : riches, robustes et bien structurés. De tels vins peuvent se bonifier pendant 5 ans et davantage.

Bons vignerons de Moulin-à-Vent
Jean-Pierre Bloud (Château de Moulin-à-Vent)
Chauvet Frères
Domaine Jacky Janodet
Domaine Lemonon (Loron et Fils)
Raymond Siffert (Domaine de la Bruyère)
Domaine de la Tour du Bief (Comte de Sparre)

FLEURIE

Le Fleurie est devenu aujourd'hui le cru du Beaujolais le plus à la mode, si bien que son prix dépasse celui du Moulin-à-Vent, pourtant de tous temps le plus cher. Sans doute est-ce dû davantage à son nom qu'à sa supériorité intrinsèque. Comme celui du Chablis, il est facile à prononcer et cela a énormément aidé sa diffusion outre-Atlantique. Il faut dire que le Fleurie fait honneur à son nom : il est très fruité, à la fois fin et charnu et possède des arômes délicats. Il atteint son apogée assez tôt, après environ 2 ans de bouteille.

L'appellation, entièrement située sur le territoire de la commune, compte 780 ha et produit

Le Moulin-à-Vent, le cru le plus réputé du Beaujolais,
tire son nom de ce vieux moulin qui se dresse sur un mamelon proche
de Romanèche-Thorins.

annuellement 5 850 000 bouteilles en moyenne. La cave coopérative, une des plus importantes, vinifie 30 % de cette production. Certains affirment que le Fleurie est le Beaujolais par excellence, mais il n'offre pas nécessairement le meilleur rapport qualité/prix.

Bons vignerons de Fleurie

Maurice Bruone, Montgénas (Éventail)
Cave coopérative
Michel Chignard
Dr Darroze, Domaine des Quatre Vents (Dubœuf)
Château de Grand Pré (Ferraud)
Domaine de la Presle (André Barraud)

CHIROUBLES

Les 350 ha de ce cru sont à 400 m d'altitude, ce qui en fait le plus élevé du Beaujolais. C'est une des raisons de la légéreté de son style, qui est l'opposé de celui du Moulin-à-Vent. Le Chiroubles, séduisant et peu tannique, est vêtu d'une jolie robe rouge vif. Tout incite à le boire avant les autres crus. C'est lui qui est prêt le premier : on l'embouteille à la fin de février ou au début de mars. La production annuelle est d'environ 2 400 000 bouteilles qui se vendent vite : à la fin du mois de juin, les bonnes caves de la commune sont vides. Tenez-en compte si vous avez l'intention d'acheter sur place. A ce propos, n'oubliez pas que l'on ne dérange pas les vignerons des coteaux du Beaujolais au début de l'après-midi car ils font la sieste. C'est le climat qui le veut : un des domaines de Chiroubles vend une partie de son vin sous l'étiquette « Grille-Midi ».

Peu exporté, le Chiroubles est très populaire en France, notamment à Paris où son prix n'est pas loin d'atteindre celui du Fleurie.

Bons vignerons de Chiroubles

Domaine Bouillard
Domaine Cheysson-les-Farges
Maison des vignerons (cave coopérative)
Bernard Méziat
Domaine du Moulin (André Depré)
Alain Passot (Domaine de la Grosse Pierre)
Château de Raousset (Georges Dubœuf)

*Le village de Fleurie en hiver. On distingue nettement au premier plan
les souches de Gamay conduites en gobelet, méthode caractéristique
de tous les crus du Beaujolais.*

MORGON

Comptant 1 093 ha de vignobles, Villié-Morgon est la plus importante commune viticole du Beaujolais. Toutefois elle ne se classe qu'au deuxième rang des crus, derrière Brouilly, avec une production qui atteint la moyenne annuelle de 7 700 000 bouteilles.

Des variations géologiques considérables à l'intérieur de l'aire d'appellation rendent toute généralisation sur le style du Morgon hasardeuse. La partie la plus remarquable du vignoble est le terroir de la colline de Py, à 300 m d'altitude, entre le village de Morgon et celui de Villié-Morgon. Le meilleur sol est composé de schistes pyriteux désagrégés, imprégnés d'oxyde de fer et de manganèse, que les vignerons dénomment « terre pourrie ». Le Morgon lui doit son caractère particulier qui, pour certains, lui donne parfois, en vieillissant, des allures de Bourgogne. D'ailleurs, il convient bien à la préparation du coq au vin et accompagne parfaitement ce plat typiquement bourguignon (*voir* page 11). Les vignerons du pays ont inventé un néologisme pour désigner le caractère du Morgon : « morgonner ». On dit d'un bon Morgon – charpente puissante, de la mâche, nez de merise, de fruits rouges, de violette – qu'il morgonne. Il ne déploiera ses qualités qu'après au moins un an de bouteille et sera encore meilleur quelques années plus tard. Le Morgon 1985 que j'ai encavé est délicieux, avec un net arôme de griotte, et je suis persuadé qu'il va encore se bonifier. Dans sa jeunesse, le Morgon a plus de charme que le Moulin-à-Vent et j'en ai bu que j'ai trouvé meilleurs.

Il ne faut toutefois pas acheter n'importe quel Morgon car deux genres bien différents coexistent aujourd'hui : le premier possède bien les caractéristiques décrites ci-dessus et vieillit bien ; le second, que l'on pourrait qualifier de moderne, manque à ce point d'originalité qu'on ne le distingue guère des autres crus du Beaujolais élaborés de la même manière. Ici encore, il faut choisir le vigneron avec discernement et, comme partout, goûter avant d'encaver un nombre respectable de bouteilles.

Bons vignerons de Morgon
Jean Descombes
Louis Desvignes
Sylvain Fessy (Cuvée André Gauthier)
Louis Genillon (Éventail)
Domaine des Pillets (Gérard Brisson)
Domaine de Ruyère (Paul Collonge)
Domaine Savoye

RÉGNIÉ

Il y a longtemps que les vignerons des communes de Régnié et de Durette (560 ha – 4 000 000 bouteilles de Beaujolais-Villages déjà étiquetées Beaujolais-Régnié) demandent que leurs vins soient admis parmi les crus. Au moment où j'écris ces lignes, la parution du décret créant l'appellation Régnié serait imminente. Ces vins, vendus un peu plus chers que la moyenne des Beaujolais-Village, ressemblent au Brouilly voisin, mais

je n'ai pas encore eu la chance de goûter un vin de Régnié pouvant rivaliser avec les meilleurs Beaujolais.

Bons vignerons de Régnié
Paul Cinquin
Desplaces Frères
Jean et Yves Durand
Roland Magrin (Domaine de la Gérarde)
Joël Rochette

BROUILLY

Les vignobles de l'appellation couvrent 900 ha et produisent quelque 9 000 000 de bouteilles chaque année, ce qui fait du Brouilly le plus abondant des crus du Beaujolais. Il n'existe pas de village de ce nom et plusieurs communes distinctes ont droit à l'appellation : Odenas, Cercié, Saint-Lager ainsi qu'une partie de Quincié, Charentais et Saint-Étienne-La-Varenne, ce qui explique en partie pourquoi la qualité est loin d'être homogène. Certains Brouilly sont à peine supérieurs à un bon Beaujolais-Villages venant, par exemple, de l'autre partie de Quincié ou de Saint-Étienne-des-Ouillières, mais les meilleurs sont dignes de leur statut de cru.

On trouve dans la région un nombre inhabituel de grands domaines et des châteaux évoquant plus le Bordelais que la Bourgogne, mais la situation se complique avec la pratique du métayage (*voir* page 67). Ainsi, il arrive que plusieurs vignerons distincts exploitent le même climat et, en revanche, que le même vigneron signe des vins de provenance différente, ce qui concourt à l'absence d'homogénéité de l'appellation. Un bon Brouilly est plein, ferme, fruité, sans complexité ni beaucoup de finesse. Il faut le boire dans les deux ou trois ans.

Bons vignerons de Brouilly
Château de Bluizard (Dubœuf)
Château de la Chaize (Domaine de Combillaty, Dubœuf)
Robert Condemine
Georges Dutraive
Robert Farjat
Claudius Geoffrey
Château de Pierreux
André Ronzière (Éventail)
Jean-Paul Ruet

*Les collines onduleuses couvertes des vignobles
de l'appellation Beaujolais-Villages s'étirent sur dix kilomètres
au sud de Brouilly.*

CÔTE DE BROUILLY

Ce vignoble, situé sur les pentes d'un volcan éteint, le mont Brouilly, forme une enclave dans celui de Brouilly et on y trouve donc des parcelles orientées dans toutes les directions de la rose des vents. Si Brouilly était une appellation de la Côte d'Or, le Côte de Brouilly, plus puissant et plus concentré, serait un Premier Cru (sa teneur alcoolique minimum est de 1/2 % supérieure à celle des autres crus du Beaujolais).

Le rendement est moins poussé que dans l'appellation voisine puisqu'avec un vignoble comptant 300 ha, la production annuelle moyenne est d'environ 2 000 000 de bouteilles, mais le style n'est pas homogène étant donné la variété des orientations. Les vignobles tournés vers le sud, qui peu-vent parfois souffrir d'une chaleur excessive et de la sécheresse, donnent les vins les plus robustes tandis que ceux du nord, surtout s'ils sont situés à une plus haute altitude, conservent mieux l'acidité naturelle du raisin et engendrent des vins plus fruités et plus fins. Ils prennent parfois, à mon avis, le caractère d'un vin blanc comme le Sancerre. « C'est exact, m'a dit un jour un vigneron de la région, le Côte de Brouilly est le seul vin issu du Gamay possédant les arômes du Sauvignon blanc ».

Une autre originalité de l'appellation est son sol : le schiste granitique rose caractéristique des autres crus est remplacé par un schiste granitique bleu dont l'origine est le volcan dominant le vignoble et qui apporte au Côte de Brouilly un supplément de complexité et de finesse.

> **Bons vignerons de la Côte de Brouilly**
>
> Domaine de Chavannes (Claudius Geoffrey)
> Château Thivin
> André Large (Éventail)
> Lucien et Robert Verger (Vignoble de l'Écluse)

BEAUJOLAIS-VILLAGES

Le meilleur achat que l'on puisse faire aujourd'hui dans la région est le Beaujolais-Village. Les vins de cette appellation viennent tous de 37 communes du haut Beaujolais et certains peuvent rivaliser avec les crus quand ils sont issus de vieilles vignes cultivées sur des pentes orientées au sud et bien vinifiés. A peine plus chers que le Beaujolais tout court, ils le sont beaucoup moins que les crus les plus célèbres, dont les prix paraissent grimper à la même vitesse que ceux des Bourgogne de la Côte d'Or.

> **Bons vignerons élaborant du Beaujolais et du Beaujolais-Villages**
>
> On trouve dix-huit coopératives dans la région, qui produisent toutes des vins honnêtes. Vous ne serez pas déçu non plus en vous adressant aux négociants-éleveurs du Beaujolais dont la liste figure ci-contre. L'Éventail est une association de vignerons de qualité qui collaborent pour embouteiller et commercialiser les vins élaborés par chacun d'eux.
>
> Si vous préférez les vins élaborés par des vignerons indépendants pratiquant la mise au domaine, cherchez-les dans les meilleurs villages. Les suivants sont, à mon avis, excellents :
> Charles Bréchard, Le Bois-d'Oingt
> Jean-Marc Charmet, Le Breuil
> Domaine de Chêne (André Jaffre), Charentay
> Paul Gauthier, Blacé
> Edmond Giloux, Leynes
> Pierre Jomard, Fleurieux-sur-l'Arbresle
> Claude et Michelle Joubert, Lantigné
> Château de Lascarelle, Saint-Étienne-des-Oullières
> Bernard Méra, Marchampt
> René Miolane, Salles-en-Beaujolais
> Maurice Perroud, Lantigné
> Domaine de la Sorbière (Jean-Charles Pivot), Quincié
> Jean Verger, Blacé

Leur style varie avec la nature du sol. Quand celui-ci contient beaucoup de sable, le vin est léger, élégant et gouleyant, sans beaucoup de mâche. Quand il est plus granitique, le vin, plus puissant

et profond, évoque parfois le Pinot Noir. Ce caractère inattendu s'accentue avec le temps.

Le vignoble compte 6 300 ha et la taille en gobelet beaujolais – celle des crus – est utilisée, alors que pour le Beaujolais tout court on pratique la taille longue. Contrairement à ce que l'on pourrait imaginer, on n'utilise pas de machines à vendanger dans le Beaujolais. La production annuelle moyenne de Beaujolais-Villages s'élève à 46 500 00 bouteilles. Les meilleures communes sont Régnié (sur le point d'accéder à la catégorie des crus), Lantigné, Quincié, Marchampt, Saint-Étienne-des-Ouillières, Perréon et Blacé.

BEAUJOLAIS

Il est préférable de boire le Beaujolais tout court dans la région de production, avant qu'il n'ait subi la torture de la ligne d'embouteillage. La plupart des vins rouges légers perdent beaucoup de leur charme quand on les stabilise en vue de leur distribution dans les supermarchés et le Beaujolais ne fait pas exception. Mis à part le Beaujolais nouveau, dont la saison est courte, il vaut mieux l'oublier. Moins bon que le Beaujolais-Villages, il présente d'ailleurs un rapport qualité/prix moins favorable.

Le vignoble compte quelque 9 000 ha – principalement au sud de Villefranche-sur-Saône – ce qui représente un peu moins de la moitié de la surface totale du vignoble beaujolais. La production moyenne est de 550 000 hl (soit l'équivalent de plus de 73 millions de bouteilles). Les coopératives et les négociants jouent un grand rôle dans cette appellation où la notion de terroir passe au second plan. Je signale pourtant une excellente commune : Le Bois-d'Oingt.

> **Négociants-éleveurs recommandés pour leur Beaujolais**
>
> Depagneux, Villefranche-sur-Saône
> Georges Dubeuf, Romanèche-Thorins
> Pierre Ferraud, Belleville-sur-Saône
> Sylvain Fessy (Vins Dessalle), Belleville-sur-Saône
> Trenel Fils, Charney-lès-Mâcon
>
> Autres négociants-éleveurs de confiance :
> Chauvet Frères, La Chapelle-de-Guinchey
> Chanut Frères, Romanèche-Thorins
> Loron et Fils, Pontaneveaux
> Louis Tête, Saint-Didier-sur-Beaujeu

INDEX